산 위의 미술관
류성훈 시집

문학동네시인선 241 류성훈
산 위의 미술관

시인의 말

점점 더 모르겠으면
잘하고 있다 생각했다

흉터를 더 만지고 싶은
나는, 참 오래도 걸린다

2025년 9월
류성훈

차례

시인의 말　　　　　　　　　　　　　005

1부 해를 피해서 걷는 습관

플라스틱 카네이션　　　　　　　　012
옛날 봄　　　　　　　　　　　　　014
곡우　　　　　　　　　　　　　　　016
1월　　　　　　　　　　　　　　　017
라그랑주　　　　　　　　　　　　　018
산책　　　　　　　　　　　　　　　020
화랑곡나방　　　　　　　　　　　　022
어디로 갔을까　　　　　　　　　　024
이별에게　　　　　　　　　　　　　026
서촌　　　　　　　　　　　　　　　028
4월 말　　　　　　　　　　　　　　029
호로스코프벨린　　　　　　　　　　030
산 위의 미술관　　　　　　　　　　032

2부 아무도 그림을 그리지 않는 밤

장수풍뎅이	036
창릉천	038
5령	039
매니폴드	040
화학적인 귀신	042
잃는점	044
차청인 소아과	045
스타티스	046
회전율	048
겨울이 오기 전에	050
물떼새	052
아직	053
불온시	056

3부 별은 코고는 소리조차 아름다웠다

플라네타리움 060
달콤 주크박스 062
한라봉아 성훈이 먹어라 063
시구아테라 064
안개의 집 066
공선인장 068
정체전선 069
아무도 나오지 않았다 070
뭔가 있는 것처럼 072
뜨거운 바람만이 074
괜찮지 않아도 괜찮아 076
상대성 078
노을빛처럼 말했지만 080
구조선 081
브라이어 파이프 082

4부 내가 지키지 못한 당신은 누가 치울까

평화주의자	086
기억에 대하여	088
특수청소	090
로마의 휴일	092
양말을 사러 서점에 가자	094
누구는 사랑도 하는 시간	096
창문 밖으로	098
죽은 고양이 안기	100
검정 팬티 무늬	101
이함은 쉽고 착함은 어렵다	102
다행	104
그림에도 불구하고	106
벚꽃 구경	108
뒷모습	110

해설 | 불온한 독백　　　　　　　　　　111
　　　| 조강석(문학평론가)

1부
해를 피해서 걷는 습관

플라스틱 카네이션

5월에 아빠를 보러 가려면
꽃다발도 플라스틱으로 사야지

보들레르도 조화를 좋아했다지
그런 소리나 중얼거리며 나는
만원어치의 빨갛고 풍성한
한 뭉치를 케이블 타이로 동인다

사람 없는 햇빛 아래
물 다 빠진 꽃들을 보며 자라온
유년과, 초년과, 멋쩍은 청년들을

이제는 나눌 수도 있고 새것으로
갈아놓으러 올 수도 있지만

다행인 건 그래도
다시 만날 수밖에 없는 이유와
그걸 우리가 직접 만들어가는 길

의지나 추억만으로도
살 수야 있지, 간혹 꽃만으로
살 수도 있는 봄의 물리법칙이
아직 그곳의 밭을 갈고 있어도

라일락 냄새가 바람을 타고 와
연등 빛을 문지르는 네 손톱 밑에
다시 어린 꽃물 드는 걸 본다

옛날 봄

남의 집 담 위로 목련이 덮일 때
봄, 봄 하면서 계절 흉내를 내며
걷는 듯 춤추는 개와 사람들을 바라본다
잘했어, 잘했어, 결국은 멀어지기 위해
서로가 잠시 비슷해지는 만남들 외에
나는 봄이라 부를 만한 걸 찾지 못하고
너는 코드를 빼놓은 크리스마스트리를
아직도 추억하고, 아이처럼 약속하고

목련나무 두 그루가 얼어죽고
거기에 수박을 심었다 충해로 또 다 죽고
다음엔 무화과를 심으려다 그만두었지만
뽑아도 뽑히지 않는 풀들만이
유난히 추운 한 해를 기억하고 있었다

운이 없었을까 봄이 없었을까
죽고 싶다는 말을 함부로 하던 시절이
있었다던 네 말에, 이제 잘 쓰지 않으니
다행이라고 대꾸하고도 내가 아무것도
훈계할 자격이 없다고 말하고 싶던 건
날씨가 죽도록 좋아서였지만

또 죄 없는 나무만 죽게 하고도

하루를 위해서 전체를 살 수도
전체를 위해 하루만 살 수도 있겠다고
나는 더 함부로 말하곤 했다

꽃 싫어하는 사람 있겠어? 그런 얘기가
바로 뒷자리에서 까르르 넘어왔다
빵은 새 빵, 봄은 옛날 봄

곡우

　계절이라는 말이 인연의 뒷모습을 닮아갑니다 당신과 차나무 밭을 처음 보았던 날 가지 뒤에 숨어 피는 꽃들도, 피고 지는 풀빛 무수한 시간들이 동그랗고 단단하게 묻히는 모습도 보았지만 나는 그런 것에 대해 들려줄 줄도 몰랐습니다 추억하기 위해서도, 뜨거운 마음들 돌아 돌아 더 짙어지기 위해서도, 시든 이파리 위를 더 힘줘 걸어야 할 봄도 있었기에 나는 오래 미뤄야 할 안부에 대해 궁리했습니다 아무리 부쳐도 읽히지 않을 편지처럼 그냥 계속 말하고픈 때가 내게도 오게 마련이었나봅니다 당신이 좋아하던 계절을 먼저 떠올리듯 풍향을 바꾸는 한낮, 살아 한번 더 보고 싶단 말조차 전할 수 없어 다행이던 뒷모습이 흰 봉오리처럼 아른거립니다

1월

 터진 둑과 무겁던 물이 서로 시치미를 떼던 겨울 앞에서 저수지는 늘 잠든 척하고 흙길은 단단한 척해온 것처럼, 언젠가 서로 쳐다만 보아도 와르르 무너져내릴 듯 소복이 쌓인 시간들이 보이지 않는 속도로 지문 같은 질감을 갖게 되기까지, 잡힌 적 없는 세상 발 닳지 않을 걸음으로 마중을 주고받기까지, 모든 게 소용없어도 좋을 만큼 따뜻한 계절이 오거든 꿈은 현실일 수 없어도 현실은 꿈을 닮아가기를
 녹은 적 없는 물속에서 빙어들이 언제까지고 죽은 숨 찾아 쉬듯이, 언젠가 언 발들 녹이며 꼼지락꼼지락 찻물을 데워 올려놓듯이, 서로의 손 모양을 칭찬하듯이, 흉내내듯이, 감싸안듯이

라그랑주

 우린 왜 겁없이 말을 참거나 굳이 말해왔을까 돌아서면 항성계 간 거리보다 멀어지는 법칙 앞에서 어쩌면 우주란 미약하고 피로한 고반복 운동인지도 몰라 저 별은 몇 광년이나 떨어져 있을까 정작 천문학 전공자들은 광년, 이란 단위를 쓸 일이 거의 없대, 밝혀진 만큼만 설명하기에도 너무 작기 때문이지 그런 소리나 하면서 우리는 모름조차도 모른 채 서로 좀 아는 척이라도 하려면 망원경보단 현미경으로 봐야 한다는 생각을 했다 꿈 같은 건 별을 보며 실컷 꾸다 수중의 세포 사멸처럼 사라지는 거야 우리는 곁에 한 번 있지도 않았던 것처럼, 전부 다 거짓말이었던 것처럼

 아메바는 꿈꾸는 만큼 제 발들을 뻗어온지도 몰라 아메바 기억나? 모두가 알지만 한 번 본 적도 없는, 그래서 징그러운, 우리 같은, 말 같은 것 말야 잠시 투명하고 안전한 샬레 위에서 나의 핵이 얼마나 별을 닮았는지 모른 채 감광체도 없이 온몸으로 끌려가던 세상, 빛 보고도 당신의 지난날 하나 보이지 않던 세상 앞에서 나는 나, 와 우리, 중 어느 쪽을 더 야속해할지 몰랐다 슬라이드 유리에 짓눌린 채 이제라도 아픈 꿈처럼 신중히 내딛던 혀를 거두어도 보지만

 무식한 꿈에도 겨울은 찾아오더라 떠나보낸 일도 떠나온 일도 열핵반응보다 자전에만 관련하듯, 우리는 위족(僞足)만 꿈처럼 꼼지락거리며 삶 속에 들끓는 삶들을 본다 어떤

고배율의 오후가 와도 우리는 선물처럼 잊을 것이고 배워도 잊는 게 당연하고 당연해서 잊는 모든 앎을 나는 한번 더 당신이라 부르고 싶어, 서로의 라그랑주 점마다 부끄러운 저작들을 하나씩 띄워놓곤 좌표를 지운다 돌아오는 법을 몰라야 떠날 수 있는 길들, 우리는 작아도 못 보고 멀어도 못 보는 눈으로 발을 떼어야 했다 언젠가 만보기를 차고 걸음도 잊을 그곳에, 우리는 미리 너무 많은 이름으로 떠 있었는지도 몰라

산책

다 커서도
주머니에 사슴벌레를 넣듯이
자랑할 수도, 넣어둘 수도 없는
시간들만 주워모았다

그날 가장 완벽한 솔방울과
차나무 밑 단단한 씨앗들과
매미가 든 매미 허물과
꿩의 더러운 꽁지깃을 쥐고
추억하고 싶었던 건
사람이었을까 바람이었을까

당신의 집 앞이 온통
상수리 천지인 것을 알고
지겨운 줄도 몰랐던 기다림이
동글동글 단단히 여물면

가장 먼저 버려야 할 것들과
가장 깊숙이 잘 넣어둘 것들은
왜 비슷한 모습이었을까

일주일간 매일 사 모은 복권이
일시에 쓰레기통에 들어가듯

그 일이 다음주에도 반복되듯

당신에게 보이지 못한 시간들과
채 숨기지 못한 마음들 모두
소리보다 먼저 떨어지는
가로수들, 툭 툭
자리를 턴다

화랑곡나방

나는 번데기로만 늙고 싶었다

껍질만 달랑 남은 쌀알은 왜 흰쌀보다 현미를 씻을 때 훨씬 많이 나올까

아무도 우화하지 않았다 내가 언제부터 여기 있었는지 보여줘야 해, 각자의 날개를 털어 서둘러 금빛 가루를 자랑해야 해, 아무도 그렇게 말하지 않아도 쌀독 안의 너희는 쌀보다 더 넘치는 중이라는 걸 알고 있었다

아무도 날아본 적 없이
애초 날개들은 어디로 갔을까

나만 아닌 줄 아는 놀이와
나뿐인 줄 아는 놀이들은 언제 끝날까

허물 속에서 죽은 매미를 나무에 걸어둔 날부터, 누가 먼저 실망하는지 매미와 나는 서로를 오래 쳐다본 적 있다
겹눈이 귤빛이 되었을 때 결국 우리는 우리를 날려보내고 죽으면 눈부터 떠난다는 걸 배웠다

눈이 없으니 더 많이 보였다
너무 많이 보여서 치워버렸다

수많은 저녁이 모여든다

쌀알 속에 밀알 속에
성배를 찾던 기사의 투구에
까마귀가 눈알을 빼먹으러 오던 날

어디로 갔을까

 가령 밤이 온다고 말할 때 네가 나를 떠나든 말든 밤은 온다 나는 너, 와 떠남, 과 밤, 셋 중에 아는 게 하나도 없는데 너는 좋겠다 떠나온 적은 많지만 나는 아무것도 떠나보낸 적이 없어서, 밤이 뭔지 모르겠지만 무조건 온다는 것 하나는 알지 너는 네가 한때 밤이라고 생각했다지만 너 따위가 밤이 될 수는 없는 것 혼자서는 감당할 수도 없는 밤 사실은 짧을 수도 길 수도 없는 밤을 그냥 생각만 좀 하는 정도야 어때

 사과 한 알 먹을래? 라고 한번 물어본 적도 없으면서 왜 한 알의 사과, 같은 표현엔 아무 의심도 없는지 나는 사과가 뭔지 모르지만 네가 남을 위해 냉장고에서 사과 한 알 꺼내 내밀어본 적이 한 번도 없다는 것 하나는 알지, 맞아 냉장고를 알아야 냉장고 문을 열 수 있는 건 아닌 것처럼, 앞으로도 우리 그렇게 살자 그리기도 어려울 만큼 복잡하게 생긴 주제에 성체가 되면 뇌를 떼어버리는 멍게처럼

 퍼주는 사람이 바보지, 라고 쉽게 말하는 사람 중에 줘본 사람 못 봤다고 말하면 대부분 끄덕이면서 잠시 말을 잃는다 그런 너에게도 끝까지 안녕히 가시란 말은 못하고 날 춥다고 손에 핫팩을 쥐어주면서, 다시 그 핫팩 때문에 여러 신박한 방식으로 모함당하면서도 또한 아쉬울 것 없어 보이는 게 싫어 인간에게 관심이 없다고 말하다 그만둔다 그

렇게 비인간적인데 어떻게 글을 쓰냐고, 내가 꺼내준 사과
들은 어디로 갔을까

이별에게

당신의 무소식이 희소식인 걸
나는 본 적이 없네 다행히도
답장 없는 올해가 더욱 평안하기를
무엇이 우리를 언젠가
한 번은 읽어줄 수 있을까

철들면 철을 모르지 심장을 가지고도
그런 걸 본 적도 없는 이들끼리
한 번은 꼭 이야기하고 싶은
우리는 솔직한 적이 없고
그래서 함께할 수 없어

네가 나에게 짐이 되고 싶지 않을수록
나는 너에게 짐이 되어갔다 멀어질수록
너와 나는 끔찍하도록 같은 뜻이야
딱히 필요도 없는 선물을 끌고 와
늦은 밤 틀린 주소지 담벼락에 놓고
분명하게 기뻐하고, 모호하게 지쳐가고
사람은 고쳐 쓰는 게 아냐, 라고
말하는 그들은 모두 변해가면서
주책없이 그런 걸 믿어달라는 얘기는
할 기회도 없이, 겨울과 봄처럼 가네

그런 심장 찢기는 시절들을
바라보며 잊음을 바라볼 수도 있어
당신은 늘 한결같아, 같은 말은
호감처럼 말해지고 칼날처럼 들린다
네가 좋아하던 따뜻한 날씨
평안하게, 하는 일이 늘 안 되기를
잘 지내, 의 앞과 뒤에서 나만 늘
한결같이 변해가고

태어난 곳에서, 아직도
나는 나만 기다리고 있었네

서촌

  햇빛이 찬 골목에서 신열이 몸을 떤다 그곳의 나는 변함없는 길과 변해가는 걸음이 오래 서로를 겹치며 부르던 병명들을 떠올렸다 어쩌면 촌스럽기도 하고 어쩌면 쓸쓸한 당신 이름이 같은 자리에서 피어오르고 사라지는 것을 바라보며 더는 걸을 자신이 없던 길을 내려오며
  어디든 함께 갈 수 있다는 건 언제든 혼자일 수 있어야 한다는 것 같았고 아무도 가르쳐주지 않았지만 먼저 앓을수록 좋은 감기도 있다는 걸 배웠다 올해는 아프지 않기를, 뜨거워 후 후 불어내던 입김에 정말로 불려 나간 당신이 아무도 몰래 목구멍의 피맛을 보던 곳, 떠나는 마음에 질려 떠난 진짜 마음들은 언젠가 이곳을 찾아오긴 할까
  시들 날짜를 대강 가늠하면서 꽂아두는 이른 봄의 꽃들과 누가 먹을지 모르고 담는 간식이 그날의 당신을 덮어주는 곳이 있다 생일 선물도 결국 주지 못한 나와 아파 아무 기도도 못하던 당신의 전성기가 옅은 연기로 유행 지난 골목을 빠져나가고 있다

4월 말

 제초된 밤에게서 온통 박 냄새가 났다 비 온 후의 천변이 죽은 풀과 죽은 새들 사이에서 나물을 삶아 건지는 4월 말이 저온 다습한 구름을 밀어내고 있었다 죽은 꽃들과 태어나기 전의 꽃들 사이의 공백을 산책이라 부르며, 옛날엔 사혼이나 요기를 호리병에 가두었다는 말을 생각하며 박속을 긁어 넣으면 뭇국보다 국물이 더 시원해진다던 비구스님의 입과 술병의 입구가 번갈아 떠올랐다 오늘 아무것도 못 했다는 말도, 너무 피곤해서 그랬다는 말도, 종일 굶었다는 말도, 배부르니 그만 됐다는 말도 아무도 믿지 않던 날, 조향을 버린 승용차가 그대로 인도를 들이받고 아침까지 아무도 나오지 않았다 들개와 밤에게는 뒤통수를 보여주는 게 아닌 것처럼 우리의 어제에는 오늘의 얼굴을 보여주는 게 아니었다 아무런 자신도 확신도 없는 상태에서, 늘 여기를 떠나야 할 때라고 말하며 박 속을 섰나

호로스코프벨린

 말은 아무리 만져도 소용없어, 우리는 낮과 밤이 서로를 낳고 잡아먹는 놀이를 하며 그다음 시절을 화로에 집어넣기 전의 표정을 바라본다 잘될 거야, 정다운 낙서처럼 그건 좋은 시절이었고 또 그건 너의 생각이었고 너의 생각과 나의 실천 덕에 좋은 시절이 떠난다 해를 피해서 걷는 습관이 이번 삶엔 더 유리해 보이고 또 그건 유행 같은 거야, 빛 없인 아무것도 할 수 없는 네가 이불을 쓴 채 행복하게 어둠을 팔면서 쉬워 보이던 꿈을 어렵게 꾼다 낮은 쓸모없이 밝고, 따갑고, 무너진다는 점에서 우리를 불편하게 깨우고 낮은 낮을 또 깨우며 매일 기댈 곳 없이 그림 점을 보겠지만 흥, 태양 따위 유한한 거지 우리는 어차피 다 죽을 거라며 너는 드림캐처 아래에서 생크림케이크를 먹었다 앞으로 여기 자주 올 거라면서 베이킹 기술과 배합 스킬에 대해 비평하는 것은 합당한 일이어야 해, 말은 아무리 만져도 소용없듯이, 사용한 적 없는 포크를 더러운 퇴식구에 놓으며 너는 안타까움을 버리기로 한다 우리는 그런 걸 떠올려도 결국 말해선 안 되었다 그건 너무 잔인하잖아, 심야버스를 검색하면서 우리는 늘 다음이 있을 것처럼 말하곤 후회하지 않았다 딸기의 질감처럼 우리는 씹는 쪽보다는 추억되는 쪽으로 남자, 어두운 골목으로 돌아가 좀 더 어두운 쪽으로 걷다, 더 어두운 곳은 무서워 걸음을 빨리하던 네가 겨울밤 공기처럼 아파트 단지에 퍼질 때, 밖에 나오지 않는 이들은 밖에 나올 여력이 없어서였고 여력은 방을 황궁처럼 꾸미는 데 사용되었다 우리는 모두 무수리였고 그들도, 그들을 그린 선조들도 그걸 알았고 운종은 반역과 승은만 창가에 걸어두었다 밤이 길수록 제목만 길어지는 너는 멸망한 왕국과 남의 이야기만 쓰기 바빴고 나는 함께 해의 마지막을 지키고 싶었다

산 위의 미술관

죽어가는 아들 옆에서
아비는 삽을 들고 서 있다
한때 함께 그림 속에서 웃던
우리는 그곳에 머물 수 없었지만

괜찮아 세상엔 슬픔 이상 슬픔을
갖다 묻는 일이 필요하니까
누군가를 보내고 돌아올 때마다
남은 삶의 머리 위에 새 돌을 올리곤
매번 마지막일 거라고 믿으며

내일은 좋겠지, 내년엔 좋겠지
다음 생엔 더 좋겠지만
아무도 내일을 갖고 있지 않아
그게 다행인지 불행인지
우리는 정작 한 마디도 못했다

너의 내일은 기대한 모습인 적 없이
대체로 찾아오긴 하는, 오늘
쉽게 무너지지 않기 위해
우리는 한없이 소소해져간다
업(業)처럼 새까만 커피 앞에서
괜찮아, 언젠가의 모든 너를 껴안으며

새 냅킨보다
닭은 냅킨이 예쁜 순간, 나는
삽날의 멋진 파랑을 기억했다

2부
아무도 그림을 그리지 않는 밤

장수풍뎅이

걸음을 선물하고 싶은데 방법을 몰랐다 그렇게 가벼웠는데 이제 더는 갈 수 없을 것 같아, 두 다리로는 진입할 수 없는 지형으로 사람을 초대하는 산길을 나는 열 살 때부터 보았다 엄마, 포충망이 없어, 길이 없어 갈 수 없는 경우와 의지가 없어 갈 수 없는 경우가 모두 같은 외골격으로 추억을 나누는 건 우리가 자라온 척해왔기 때문일까 당장 갖다 버리라는, 그동안 어디서 뭘 했냐는 얘기 속에서 유년은 마디가 많아 더욱 징그럽고 반짝이는 시절, 나는 한 가지 빼고는 모든 게 싫었던 여름의 얼굴을 더 닮는다 꿈은 하나여야 하고 두세 개는 안 돼, 우리나라엔 꿈 많이 달린 벌레 같은 건 안 살거든 도감에 있으면 숲에 없고 숲에 있는 건 도감에 없는, 가로등 불빛에 반짝이는, 저 헬기의 이륙 좀 봐 바로 저게 내 유년인데 저건 내 건데

무소가 물소가 아니라 코뿔소라는 뜻임을 부끄러울 정도로 늦게 알았던 나는 가장 좋아하는 동물에 대해 혼자 떨떠름해했다 앞뒤 안 가리고 호구를 두르고 정중선을 치고 나갈 듯 가시덤불을 요리조리 피해가면서, 날이 쉽게 저물고 무서울수록 설레어, 내가 꿈처럼 은밀하게 걸었던 산길은 원하는 것 이외의 모든 것을 주었는데 여름밤 아래서 뿔이 두 개 난 내 꿈을 행복하게 주워들고 굼벵이 양식장이 납품한 아름답고 힘센 옛 꿈 앞에서 나는 이제 아무런 뿔도 없는 나에게 고마워해야 할까 나의 여름 산에게 고마워해야 할까, 내

가 가진 손칼이 당신들에게 흥불 거리가 되듯 새벽 아파트 입구에서야 잡았던 하늘소의 금빛 더듬이가 설마, 의 느낌으로 고이 버려진다 새로 산 유년을 승계할 시간, 내가 나무에 꿀을 발라 먹였던 단단한 뿔들은 지금 어느 가로등을 들이받고 있을까

창릉천

　작년에 죽은 풀이 올봄에 썩는 냄새는 도청의 예초기 냄새와 소똥 냄새의 중간쯤 있다 게으른 중장비와 권태로운 물새가 달의 비늘을 건져 먹는 창릉천, 신도시 속에서도 천변만 혼자 수십 년 전을 닮아가는 건 그 때문일 테지 술빵 냄새 하나로 고향집 철거 이전의 구조를 생생히 맞히던 당신의 눈이 항상 허공에 머무는 것도 그 때문일 테지 몇십 년 만에 만난 도롱뇽을 종이컵에 담아 물가로 돌려보내면서 이게 어떻게 이런 물에 살 수 있지? 중얼거렸지만 양서류에 대한 내 추억만은 기다란 알주머니처럼 제자리를 지켰다 그게 무슨 물인지도 무슨 동물인지도 모르고 물오리처럼 웅덩이를 더듬던 내 메칸더브이 운동화를 떠올리며 불운한 벌레들을 선택적으로 밟던 날, 아무도 겁내지 않고 먹이를 얻지도 않는 야생 너구리를 처음 보았다 신발을 적시지 않고도 귀가할 수 있는 나이, 건져올려도, 내버려둬도 곤란한 늪이 자꾸만 늘어갔다

5령

 가능하면 생각을 많이 둔 다음 다시 만나자고, 기약은 있지만 기한은 없는 약속만 반복하던 겨울을 떠밀듯 보내면서 나는 너를 뽑은 자리에 새 흙을 채웠다 나무는 나무에게 물을 줄 방법을 모르듯 나는 심는 일과 뽑는 일이 그렇게 똑같은지 미처 몰랐다

 애벌레가 자기 잠을 갉아먹고 몸을 떨었던 봄의 끝, 나는 습한 오늘을 젓가락으로 조심스레 주워들었지만 이번 장마는 내게 눈의 무늬를 부풀리지도, 노을빛의 고약한 뿔을 보여주지도 않았다 요즘은 그런 거 안 갖다놔요, 퉁명스러운 화원들이 모인 반투명 비닐 벽 사이를 엉거주춤 걸으면서 나는 탱자 묘목 하나가 필요했고 산초 잎이 어떻게 생겼는지를 처음 알았다

 거미줄을 걷던 빗자루 끝에 손톱만한 달이 날아와 앉는다 너는 저녁의 화분에 고치를 틀었다 나는 몸을 단정하게 움츠리는 법 하나와 아무도 모르게 집에 가는 법 둘을 배운 대신 아무렇지 않게 떠나는 법을 알려주고 싶었지만, 그건 나만 모르던 재주였다

매니폴드

 수리만 하기 위해 만든 기계처럼 너를 보듬는다 더러울 만큼 아름다운 꽃이 오직 시기를 어기기 위해 피듯이, 가고 오는 게 사람이라는 듯이, 우리는 서로의 성과 이름에 칼질하는 놀이를 했다 그런 건 사춘기 때 지겹도록 배운 거야 서로를 부정하며 다가가는 방식 위에서 너를 적시고, 빚고, 뭉개기를 반복하다 필요한 만큼의 너를 갈라내는 작업부터 늘 실패하면서, 시간이 얼마나 흘렀는지를 잊으면 시간이 그때만큼은 흐르지 않을 거라 믿으면서, 오직 물고 빨고 안기 위한 유기농 애착 인형이 더 비싸듯

 우리는 지겨울 일 없는 밤을 파종하러 가자

 냉각수 대신 물을 넣어놨네, 문제는 대상이 아니라 마음이라고 쇳덩이처럼 말할 순 없었다 도자기를 다루듯

 여긴 장갑을 벗어야 헛돌지 않지
 네 속이 어떨지 꼭 봐야 알 수 있는 건 아니지

 블록을 열면 돌이킬 수 없게 되는 부분을 놔둘 수도 교체할 수도 없는 침상 곁에서 네가 버린 인형처럼 너는 아직도 서 있다 나도 별로고 너도 별로, 라는 마음이 고회전 영역처럼 달아오르면 우리는 더이상 폭발할 일 없는 신형 밥솥처럼 깔끔하고 쉽게 고장날 것이고 그래서 구형 공랭식 엔진의 메마

른 시동음을 버리지 못하고

  너는 너를 가만두지 못하고
  내일 밤은 어젯밤을 용서하지 못하고

  조각난 이름을 쓸어 담는 일과 이어붙이는 일 중 어느 쪽이 더 어려운지에 대해 논쟁하듯이, 낮에 쓰는 단어와 밤에 쓰는 단어가 다를 때 우리가 너무 많이 왔음을 직감하듯이, 아직 채 닳지도 않았는데 조금 더, 조금만 더 편하자고 이리저리 꼬인 쇳덩이를 결국 바깥에 내어놓으면서 그게 오랫동안 뜨거웠던 시절을 떠올린다

  참 신기하지? 깨지기 쉬운 것 하나와 깨질 수밖에 없는 것 하나가 같은 방식으로 닮아가는 게

  그러든 말든 벌건 꽃 덮인 더러운 배기구와 용서 없는 밤의 간격을 단단히 조이며, 다시 시간이 돌았다

화학적인 귀신

　그의 차에선 주기적으로 틱틱 소리가 났다 또 고장인가, 길에서 언제 멈춰 설지 모르고 돈이 추가로 얼마나 들지도 모르는 공포 앞에서 나는 그냥 텐셔너 베어링 마모일 거라고 했다 보닛을 열자

　귀신이 모조리 물러갔다

　오래된 집에 귀신이 사는 건 당연하잖아
　사람은 벽 속에도 있고 지하 콘크리트 속에도 있는데
　아파트 사람들은 아파트가 사람을 묻고 지어진 줄 모르지

　모르니까 귀신인 거지
　나는 옷장을 닫자마자 옷장에 뭐가 있는지 모르는데
　아직도 밤마다 방문을 두드리는 소리

　생각은 화학반응이니 앞으로는 화학적으로 생각하자 상실의 아픔에 누워 있는 이를 위해 기도해준다거나 허브차라도 한잔 드세요, 하고 말하는 게 도움이 안 되는 건 방법의 문제뿐 아니라 신경 안정 효과가 없기 때문이지
　신경 안정이 안정시키는 건 신경일까

　아무것도 모르는 채 만나 조금씩 알아가며 살다
　다시 모름만을 대물림하던 내 옛집에서

좀 자라 열한시다
그럼 재워주세요

네가 어둠을 입지 않으면
어둠은 널 입지 않아
나 없는 방에서 내 귀신이 답한다

잃는점

　당신이 아직도 거기 살고 있는 걸 안다면 그건 슬픈 일일까 아닐까 아파트 단지 옆 물길을 가다 거긴 집들보다 훨씬 나중에 생겼다는 걸 알고 그런 게 신기할 것도 없을 만큼 우리는 살았다 나는 거기서 텅 빈 거북이 굴을 보곤 뭔가를 대신 추억하는 일이 내 취미였을까, 아파트, 같은 건 얼마나 오래된 말일까 생각했다 태어나 처음 울었던 집을 왜 찾아가봤는지 스스로도 몰랐지만 얼마나 살아왔는지 실감할 수 있다는 등의 이유를 만드는 게 재밌기도 했다 거의 모든 일처럼 반갑지도 슬프지도 않은 채 구실처럼 남아 있는 집, 나는 나와 당신의 삶 속에 구실이나마 남길 수 있을까

　첫번째 삶과의 이별 후 당신이 살던 집은 몇 곳이나 되는지 세어본 적 있다 전부 갈 수 있는 곳인데 사라졌거나 남아 있어도 갈 수 없는 곳에 있는데, 이제 갈 수도 없고 남아 있지도 않은 집이 시간의 손을 잡은 아이처럼 온다 나와 당신이 이별하는 이유들은 장점도 단점도 아닌 곳에서 오듯이 집이란 남건 사라지건 굳이 손 집어넣지 않은 거북이 굴처럼, 집과 사람이 서로를 방생할 때가 온다는 걸 알 만큼만 살았다 우리의 알을 추억하다 더러워진 손을 닦아주고 싶어, 당신이 완전히 떠나고 나서야 우리가 꽤 오래 살았다는 걸 안다 물에게 끓는점이 있듯, 우리의 잃는점은 우리보다 오래 있었다

차청인 소아과

  면역력이 사라지면 피는 꽃, 엄마는 펄펄 끓는 나를 그 먼 곳까지 어떻게 데리고 다녔을까 비형간염과 수두를 저멀리 두고 떠나올 수 있게 했던 그곳이 문을 닫은 건 소아과 병원들이 사라지기 훨씬 이전이었다 간판 이름만 오래 남았던 의사 선생님은 오래전 죽고, 그 소식을 전했던 분도 얼마 전 죽고, 이제 그런 소식마저 끊긴 영도에는 사진처럼 기억만 생생한 채 찾아가볼 이유도 용기도 없는 곳들이 는다 수은 체온계를 물고 대기실 벽의 헤파박스, 라는 분홍 문구를 괜히 따라 읽게 되던 거기는 내가 처음으로 아픔을 배운 곳이었다 진료 과목 이름도, 병을 고치던 이들도 병원을 따라 함께 사라질 거라곤 생각도 않던 날들, 눈썹 사이 하얀 수두 흉터처럼 내 신경 속에도 예약된 새 아픔이 번호표를 뽑은 채 졸고 있을 것이다 이제 헤파박스란 이름마저 역사 속으로 사라진 걸 알게 된 닐, 기억 자세는 열빙 같아 딱히 쓸쓸할 것 없지만 기억하는 이는 기억 때문에 쓸쓸해져간다 집에 가자 좀, 돌아가기 싫어 태종대 유원지 바닥을 구르던 아이 하나, 모두 떠난 후 누가 돌아보지도 않는 곳에 아직도 저녁해를 쥐고 서 있다

스타티스

너로 인해 아름다웠어
한때의 당신을 아름답게 한
나를 보듬어주기

그걸로 충분해
먼저 간 몽실이를 우리가
다시 못 만날 리 없듯이
살아서 우리는 전령처럼
무엇을 전할까, 안부는 결국
왜 포근한가, 전하지 못하는
선한 망각들이 있어

남기고 떠나지도
벌써 보내지도 못하는 건
다 볼 수 없었기 때문이지

차 시간 늦겠네
그만 가자, 의 그만과 가자는
지금쯤 어디에 있을까

옛날, 죽은 꽃을 오래 두면
혼을 부른다던 전설이 간혹
달갑기도 한 이유

너의 마른 꽃들이
방에서 모두 치워질 때까지
아무도 모를, 사소한 기록

회전율

그날 길에서 본 이른 꽃이
오래 못 살 것 같아 애통했다는 네 말에
시큼한 게 올라왔다
우리는 우리나 잘했으면 좋겠는데

그날이 뭔데
네가 뭔데

나쁘기는 쉽고 착하기는 어려워
착한 척하긴 쉽고
나쁜 척하긴 어려워
어딜 가도 모두가 착하기만 한데
나는 착한 게 뭔지 모르는데
거리는 더욱 복잡다단하게 무너져가고
텅 빈 건물 화단에 아직도 살아
기를 쓰고 붉으려는 꽃들이
구청에서 뿌린 화학비료의 마지막 방울에
혓바닥을 흔들고 있어

벌집에는 벌이 너무 많아서
그들이 얼마나 빨리 죽는지 안 보인다
남방부전나비 애벌레가 붙은 꽃송이를
통째로 떼어버리고, 시든 잎을 솎아내고

작고 예쁘고 비싼 물뿌리개를 들고

시들기 전에
빨리 찍자

읽을 것 없는 저녁이 또 덮인다
너는 좋은 쪽사잖아, 착한 네가
진짜로 그렇게 말했다

겨울이 오기 전에

　이름 삼기 좋은 발음을 찾으려 자신의 본적을 잊은 자들이 끈적한 밤 아래 오밀조밀 모인다 주술과 어둠 없인 요즘 아무것도 존재할 수 없게 된 사실을 잊어야 하는 날이 죽기 전과 후에 모두 와 있기 때문인지도 몰라 그동안 감사했고 앞으로도 딱 그만큼만 잘 부탁한다는 일벌들의 우스갯소리처럼, 음색이 과하게 밝은 가요가 너의 머리맡 가장 큰 스피커의 가장 작은 출력으로 흘러가는 것을 듣는다 그건 청각이 아니라 명백한 미각이었음을 말할 시대는 우리에게 없었다 청동새야 청동새야 부르면서, 빛나는 옛 문고리에 쉬운 주문을 외워 넣는 이들과 주석과 은의 최적화된 비율을 찾기 위해 불의 발색에 땀흘리던 자들을 구더기라 부르는 호전적 신화의 홍행 속에서, 아무도 흙먼지 속에서 무거운 해머를 쥐려 하진 않으면서, 우리는 잘 짜인 배수 시설의 불멸을 빌면서, 그저 가끔 사물의 안부를 궁금해했다 모두가 잠들어가도 모두가 피로하기만 한 것을 나는 돌이킬 수 없는 빛이라고 부르고 싶었다

　무덤 앞에서, 저녁 앞에서 너의 이름은 뚜껑이라는 의미처럼 잠겨 있다 먹을 수 없는 포도로 평생 즙만 짜던 당신과 먹을 수 있는 포도만 수확하던 당신이 장화로 쐐기를 당연한 듯 뭉개면서, 우리가 아무것도 아닌 이유를 짙고 향기롭게 병입하면서 서재 속의 아무도 궁금해하지 않는 두꺼운 책처럼 끝도 없이 내어놓는다 만들지 않는 건 일이 아니라고, 대물려 목을 놓는 소리에 옥과 돌이 모두 같은 원적외선을 방출하는

예비 흙덩이라는 걸 알고도 우리는 주워 담고 깎고 다듬기를 우글우글 계속해야 해, 그럼 우리도 누구에겐 밭과 가시가 가득한 밤처럼 징그러울 수 있을까? 대상은 특정할 수 없어도 징그러움 자체는 진실일 거란 생각만 들었다 이제 그만 마시지, 결국 붉은 어지러움도 지겨워지는 날이 오듯이 아무리 아름답게 말해도 이젠 말이 피로한 시대가 되었고 다 우리가 그렇게 만들었잖아, 나는 포도밭에 앉아 푸른 대문을 그리곤, 그게 열리는 꿈을 꾸었다 모두가 붓을 얼어붙은 물감에 찍으려 할 때, 아무도 그림을 그리지 않는 밤이 환하게 와 있었다

물떼새

눈이 내린다, 는 말에
너는 아직도 눈에 기대고 있구나
말하지 않았다
왜, 아예 창밖에, 도 붙이지
붙어 있는데, 너 안 봤지
들키는 아픔은 늘
그 페이지부터 덮인 채
다시는 꺼내지지도 않는다
하지만 버리지도 못해
괄약근이 없어 참을 수도 없는
새들의 방뇨를 보면서, 너는
안이든 밖이든 고민과 신중함을
구별할 수 없던 너는 이제
새가 되어 날아갈 생각 따윈
말끔히 사라진 너는
쓰기도, 말하기도, 살기도
난감해진 표정으로
나 같은 것들만 없으면, 몇 마디면
모든 게 잘될 것 같던

한 무리 속에서, 너는
어디 있으을까아

아직

가위에 눌린 낮이
간상세포에 눈부시다 내 허리는
나를 일으키기에 충분하고
날은 추워졌고 화분은 새 잎을 내고
가스 검침도 별 이상은 없고
전기 포트에서 물이 약간 샜지만
조심하면 쓸 만했다 양말들의 수명이
다하고 있을 때 새로 한 묶음 사놓은 게
떠올랐다 난방비가 너무 올랐지만 내겐
등유 히터가 있었다, 기름을 사야 해
눕기 위해서도 나가기 위해서도
발버둥쳐왔으니

그러면
내게도 봄이 올 줄 알았으니

나눠야 살 수 있는 게 아니라
나눌 이유가 없는 시대, 각자
다른 방식으로 추워지는 그때
꽉 찬 냉장고에 먹을 게 없듯
너와도 이별하고 나와도 이별, 애초
만난 적도 없기로 하면

씻어도 씻어도
씻기는 몸뚱이
그래도 귀엽게는 늙고 싶어

포트는 있지만 커피가 없고
보일러는 있지만 가스가 없고
그릇은 있는데 김치가 없고
현재는 있지만 그 속에 우리가 없고
삶은 있지만 내가 없는 곳이
위태롭게 유지되고 있었다

방을 계속 데울 방법도 이유도 사실은 모르겠어, 나는 가장 불안한 이불 속에 있을 수도, 나갈 수도, 반만 걸칠 수도 없는 계절에게 연락했다 모두가 무사했다 무사해서 다행인 이와 다행하지 않은 이가 있다는 걸 죽어도 말할 수 없는 곳, 걸 수 없는 곳과 걸려오지 않는 곳이 모두 늘어갔다

아픈 데가 없었고
한 끼만 먹어도 대충 괜찮았고
어디를 가야 할지 몰랐다

죽을까 무섭다, 보다
끝까지 살아 있는 게 더 무섭다고

비겁하게 안도하는 일만을
오늘이라 불러야 하는 건
더 무서웠다

불온시

평생 들꽃 보는 힘으로 걸었는데
아직도 아는 이름이 거의 없다
주기율표보다 외우기 힘든 이름과
이름의 의미를 덮는 여름이
여름보다 먼저 널린다

절상과 화상은 같은 통각이어서
땀과 기름을 닦으며 햇빛이
생살을 베고 그걸 털어내는 상상으로
조금은 서늘해하곤 했지만
물기를 너무 자주 훔쳐서 생긴
눈가의 상처가, 별명과 변명과
미명을 만들고 그것들을
한데 잔뜩 모은 걸 세월, 이라고
혼자 정의하고는 검증하지 못했다

세균학을 열면 밖에도 못 나가고
세균학을 닫으면 슬슬 기어나온다는 길
비키는 일이 걷는 일보다 많고
너는 늘 너의 다래끼에만 관대하고
눈을 다르게 떠도, 인상이 좋으셔도
우리는 우리의 가해자일 뿐

서로의 햇빛이 되고 싶어
늘 순간만 강조하는
아무것도 미안할 것 없는 물길이
뒷모습으로만 핀다

3부
별은 코고는 소리조차 아름다웠다

플라네타리움

  천체를 보기 위해 하늘이 꼭 있을 필요는 없어, 우리는 집 안에 텐트를 치고 기어들어가 지퍼를 올리고 이미 그려진 그림을 따라 그리곤 그것을 다시 사진 찍어 올리며 별과 새로운 반복에 대해 궁리했다 서로를 잘못 바라보는 방식과 나를 바르게 굴절하는 방식이 매년 가장 따뜻한 겨울의 바닥에서 귤을 까 내민다 주황빛 가시광선의 온도가 몇쯤인지 찾아보자, 너와 나를 이해하기 위해 나와 네가 꼭 필요한 건 아니니까

  천문학을 접하면 겸손해진대 우리가 먼지조차 못 되는 진실을 깔고 시작하는 학문이라니 멋지지 않아? 그걸 측정과 수치화 따위로 감히 이해하려는 희망을 버리는 부류와 아무리 긴 산술을 대면서도 이해하기 위해 삶도 죽음도 내려놓지 못하는 부류 중에서, 작은 귤과 큰 귤로 자전과 공전 놀이를 하다 초신성을 서로 먹이는 놀이를 하고 그걸 굳이 기록하는 나는 어느 쪽일까 별에게, 하늘에게, 천문에게, 집에게, 텐트에게, 너에게 빛을 지고 그걸 어떤 방식으로도 갚을 수 없다는 걸 알고 그건 그리움과 밤하늘의 공통분모라는 이야기 혹은 생각, 나는 결국 말하지 못했다

  제트기보다 몇 배 빠른 우주정거장보다 몇 배 빠른 태양계 탐사선보다 몇 배 빠른 하수구 뚜껑에 대해 들으며 우리는 웃었지만, 어이없음은 항상 재미보다 더 어이없었다 지표면이 없는 행성도, 쇳덩이 항성도 있는 마당에 우리는 대기도 있

고 바다도 있고 당신도 있고 귤도 있고 주둥이도 있는 곳에서 잠시 행복했었다고 꼭 말해줘야 할 것 같았다 왜 잠시냐는 물음에 나는 다 까놓은 귤로 답했다 질문도 대답도 없는 우주공간에도 잠시 바닥이 있고 거기서 우리는 별을 태운 연소열로 따뜻하게 졸고 싶었으니, 미안해서 행복한 때도, 행복해서 미안한 때도 있었다 배터리 힘으로 도는 별은 코고는 소리조차 아름다웠다

달콤 주크박스

팔을 더듬거리며 너를 찾다
내게도 나 없는 시절 속에서
몇 번이고 잠이 깨고
다시 잠이 든다, 잠 속에서
쌀겨처럼 까슬까슬한
아침이 무심히 와 있다

떠지지 않는 몸
감기지 않는 심장
실눈 앞보다 흐린 볕이
묘지 주변을 뛰논다 아이처럼
혼자 건강히, 안녕히
애써 따뜻한 노래만 찾던
너에게 햇빛을 덮으며

안녕, 은 잘 웃지 않아서
안녕, 갑자기 팔이 안 올라가
심장이 마치 거기 있었던 듯

아끼던 이에게도
아낌이 없던 이에게도
저물지 못하던 날들이
빈 호주머니만 뒤진다

한라봉아 성훈이 먹어라

코니데, 코니데, 지구과학을 얼굴로 배운 학창시절부터 나는 늘 형체보단 그런 유럽 여자아이 같은 이름이고 싶었다 제주에서 먼 길을 온 커다란 귤의 상층부와 표층부에 온통 화산 지형이 펼쳐져 있었다 누이는 내 얼굴을 보고 한라봉아 성훈이 먹어라, 라며 킥킥댔다 나는 오이 가는 강판에 얼굴을 문지르는 상상을 하며 함께 웃었다 미국 버라이어티 쇼에서 근육질 남자가 이빨로 트럭을 끌기 전 진행자의 질문에, 만약 실패했다면 잘생긴 제 얼굴이 더 멋있어졌겠죠? 라며 천진하게 웃었다 귤껍질을 깔수록 더 두꺼워지는 건 이미 다 갈라진 채 예쁘게 자라 있는 속껍질일지도 몰라 코니데, 코니데, 이름을 부르며 본 적 없는 그녀에게 방화복을 입히고 용암 채집을 나가던 나는 세상에 사화산은 하나도 없다는 걸 그 덕에 알았다

시구아테라

반짝이는 바다보다 반짝이는
생선살에 고래 회충이 득실거려

그건 정상이야 바다를 이해해도
칼로는 뼈를 한 방에 못 끊지
잠으로 꿈을 한 방에 못 끊듯
마디를 찾아서 날을 대고
내리쳐봐 손바닥으로
이것 봐 끊어지잖아 꼬리처럼
서로가 잃어가는 생각처럼

잠 속에서 잠드는 일이 늘 무렵
생선 손질법을 배웠지
칼처럼 빛나는 생선을
생선처럼 빛나는 칼로
다듬으면 다듬어지는 만큼
광이 사라지는데 왜 칼은 당신처럼
반짝이게 만드는 걸까요

비늘만 치다 지쳐 잠들 만큼
커다란 생선을 떠올리며
이룬 것과 이루지 못한 걸
동시에 꾸는 꿈

우리, 언제쯤 나을 수 있나요
이형의 단백질이 우리 뇌신경에
차곡차곡 끼어갈 것처럼
고래 회충보다 징그럽게
서로 오래 쌓여왔던 것처럼

알아도 막을 수 없는 칼이
내 비늘을 맛있게 벗기는 소리

안개의 집

내겐 그들이 안개를 사랑하거나
슬퍼하거나, 더러워하는 걸로
세대를 나누는 버릇이 생긴다
저 너머, 라 불리는 분진들, 너머엔
반박하기 힘든 아름다움이 있었는데
너무 아름다워 때려 부수고픈
그곳에는 너의 집이 있지 우리의
뼈가 덜 굳고 살이 고왔던 아이들이
있지 우리는 미세먼지, 같은 미세한 말을
만들고, 그걸 가득 뒤집어쓴 채 논다
저기 공단의 굴뚝이 겨울 목성을 겨눌 때
구름 같은 웃음소리 들리네, 벌써 추워
아무리 많이 켜져 있어도 양지가 없는
불들에 성에가 끼면, 그건 안개 때문이다가
안개 때문만은 아니었다가
안개는 안개가 아니기 시작한다
오늘이 오늘 날씨 때문만은 아니었다가
커다란 강을 끼고도 더 흐린 강을 찾아
먼 거리를 헤매는 밤의 무리에
아무런 의심 없이 편승하면서
종종 낚싯바늘에 걸려 올라오는 사람들
어떡하면 좋을까, 너를 어떻게 해줄까
먼지 속에서 더욱 먼지가 되고프던

네가 있었는데, 쭉 현재형으로 있었는데
뼈를 태우면 제일 먼저 안개가 되지
우리에게 뭔가를 나누는 버릇이 생기는 건
살 용기도 죽을 용기도 없어서였다
다루기 좋은 엔진처럼 서울이
가끔 카랑카랑 울음을 쏘아올리면
돌아눕는 머리맡, 원래 안개에는
색깔도 촉감도 있지만 실체가 없어
돌아와 검게 누운 너를 추린다

공선인장

 쓰지는 않으면서 편지, 라는 말만 들어도 아련해하는 사람들이 살았다 내가 태어나기 전부터 모인 우표들을 차곡차곡 정리해 다시 넣듯이, 찾아오기도 전에 이별하는 기분으로 들고양이들이 젖은 흙무더기를 걸어와 앉는다 돌아보면 다들 어디로 갔는지 그동안 어디에 있었는지 살아 물을 수 없는 곳에서 나는 어느덧 사람보다 여름의 안부가 더 궁금하다 비를 몰고 다가오는 커다란 구름과, 점점 주름지면서 살아 있을까 말까를 고민하는 공선인장 중 누가 더 좋은지 고민하면서, 가시 돋친 여름에는 꿈꾸는 꿈을 꾸면서 스스로 정돈한 적 없는 생이 가끔 집을 더 깨끗이 치운다 더이상 그립지 않고 염려되지도 않는 방향으로 쓸려가는 물처럼 당신에게서 나는 그쪽 어디쯤에 살고 있었겠지만, 내게 반대편은 아직 멀어 보이기만 했다 전기료도 수도세도 올랐다는 소식 이외에 이번 달은 내게 아무것도 전해주지 않았으니, 사실 모든 것은 편지였다 비 갠 하늘 아래 남지도 떠나지도 못한 오후가 금빛 잔털을 세우며 여기저기 흙발자국을 찍는다 더 읽어줄 책도, 마주칠 눈동자도 없는 저녁이 화분 위에서 별 먹을 것도 없이 자라온 게 신기했다 내세로 안부를 물어야지 편지는 사라져도 편지라는 말은 쉽게 사라지지 않듯이, 꼭 다시 보고픈 이가 있고 내가 만나지 못할 리 없듯이

정체전선

 아버지가 심은 호박들이 가뭄에 모조리 죽은 다음 장마가 시작된다 나는 당신 대신 화를 냈고 당신은 호박 대신 내게 화를 냈다 뭐든 때를 맞추지 않으면 소용없다고, 구청에서 무수히 심었던 들꽃이 중장비에 다 엎어지는 공원에서 이럴 거면 왜 심었냐고 행인들이 허공에 따졌다 나는 허공에게 욕을 먹었다

 잡초만 뽑다 벌써 무릎이 아프고 완전군장으로 산 몇 봉우리를 넘어 다니던 관절은 언제 어디로 가버린 건지, 아무도 아무에게도 안부를 묻지 않던 그때부터 우리는 잡초만 뽑았다 작년에도 올해도 소나무 탁상에 생긴 새 구멍에서 톱밥이 다시 쏟아져나왔고 이번이 마지막일 거라고 치부했다

 호박잎보나 너 근 토탄잎보다 더 근 해바라기 잎이 지나가던 볼 살을 긁으면 피부보다 따가운 태양이 도시교통에 시비를 붙였다 심을 것과 심을 곳이 앞다투어 가는 통에 나는 죽은 지 오래된 사람의 글만 골라 읽으며 살았다 내 차례는 언제 올까 이미 가버렸을까

아무도 나오지 않았다

흙장난 중 가장 재미있는 건
함정을 파는 일이었어 콘크리트가
드러날 때까지, 손톱이 까맣도록
굴을 팠어 비닐봉지에 물을 채워
쏟아지지 않게 손잡이를 잘 묻어
나뭇가지를 얹고 신문지를 깔고
그 위에 흙을 덮었어 잘 만든 함정은
보이지 않았어 우리가 만든
함정엔 반드시 누군가 빠졌어
들키지 않기 위해 우리는 누가 걸리는지
볼 수 없었어 어느 날 아무도
빠지지 않았어 그런 날이 늘어가다
아무도 나오지 않는 날이 늘어가다
나도 놀이터에 다신 가지 않았어

놀이터가 사라졌어 세월이 지나고
함정은 놀이터였어

빠지지 않기 위해 이제는
디딜 곳이 없었어 빠져버린 발은
다시 빠지지 않았어 이미 죽은
사람은 죽지 않는 것처럼

문화센터에서 감시 감독하에
유기농 인공 모래를 주무르며
플라스틱 가짜 나이프로 당근을 자르는
놀이를 하는 아이들이 훨씬
잔인해져간다고, 다들 걱정이라고 했어
세대의 함정과 함정의 세대가
서로를 빠뜨리곤, 아무도 나오지 않았어

누가, 는 누군가를
궁금해하지 않기로 했어

뭔가 있는 것처럼

　너는 벌레 하나에게 네 방을 뺏긴다 먼바다 저인망에 끌려온 가시투성이 생선을 불구덩이 속에서 뼈를 바르고도, 아직도 잿가루 터는 날개의 느낌만으로 잠도 못 이루면서 의도치 않은 발버둥을 춤에 비유하며, 오, 이제는 춤추는 이와 사랑하는 법에 대해 상상하네 당신의 시는 공공장소에서 굴렀다가 윈드밀을 시도하듯 멋쩍게 일어나는 청춘처럼 영혼을 다해 춤을 추네 보는 사람이 보이는 사람의 눈을 마주치지 못하는

　부고 소식이 하루에만 몇 건씩 도착하는 초봄을 위태롭게 건너가면서 너는 너의 눈꺼풀에 우주의 다래끼를 키운다 우리는 무사히 건너가도 될까 이젠 좀 멀쩡히 누워도 될까 내가 당신보다 조금 덜 슬퍼도 괜찮을까 나의 다래끼는 왜 안녕할까
　고통 없이 고통스러우려면 고통에 대해 말하는 게 가장 안전한 고통인지도, 고통 따위 무시해야 하는 수많은 일들 앞에서 우리는 각 잡고 진실하면서
　눈꺼풀 따위 찢어내버리죠 뭐

　영혼이 뭔지 알아? 라고 묻던 네가 영혼을 담아 춤추면서, 당신이 나의 영혼을 느끼면서 벌레 날개에 문밖으로 날려가면서, 그게 우리의 순수이기로 영혼과 담합하면서, 우리의 오늘에 찾아온 커다란 바람에 대해 소리 죽여 읽어주면서, 닫힌

창문을 다시 확인하면서 사랑하듯 춤을 춘다 때려잡기 전에
알아서 죽어 있으면 좋겠어
  뭔가 있는 것처럼
  네가 잠들기 전까지 나는 네가 대체 뭔지 몰랐다

뜨거운 바람만이

올해 여름도 한 달 일찍 온대
바람이 뜨겁다고 하면
뜨거워지는 건 바람일까, 그럴 땐
모두가 지구를 생각하면서도
동시에 조용해지는 그때를
뜨거운 침묵, 이라 해도 좋겠어

어디부터 얼마나
알아왔을까, 아니 알았다고
생각해도 좋았던 걸까
알아서 사랑했을까 너를
알면 알수록 말하고, 말할수록
실망하고, 실망하면 할수록
멀어지게 마련인 마음들을
더이상 나오지도 않는 펜들처럼
필통 속에 아직도 눌러 넣은 채
오늘 가방 속 물건들도, 오늘 쓴
영수증 내역도 기억하지 못하면서
한때 마음만은 뜨거웠던 적이
있었다고 믿으면서

너는 다 큰 애가 왜 그렇게
말을 아직도 더듬더듬해

고 맙 습 니 다, 필 통

나는 아직도 하고 싶은 말이 많고
하고 싶다고 다 할 기회도 없었던
바람만 뜨겁게, 뜨겁고, 뜨거운
6월과 7월
너의 미닫이문

괜찮지 않아도 괜찮아

목도리는 목을 본 적도 없이
땀과 온도를 배워가면서
잃어버리는 방식으로 버리고 버려지듯
더 두꺼운 옷을 입으면서
서로란 건 원래 필요 없던 것처럼
목이 겪은 시간에 대해 이해하는
그런 걸 여행처럼 미화도 하지만

좋아하는 것과 확신을 갖는 것에
어떤 차이가 있는지 모르고 나이 들면

또 잃어버린다 우리는 아무 확신 없이
서로의 목에 따뜻한 염원을 두르고
순간과 영원은 얼마나 닮아 있는지
옆머리를 맞댄 채, 피부의 깊이를
수없이 찾던 순간 속에서, 순간은 순간
영원이란 없는 것, 처럼 불신만 정당화하던
차가운 길바닥에서
진짜 당신의 편에서

아무도 모르게 가끔 뒤돌아보면서
이제는 돌아볼 힘도 용기도 없는 목을
닿지도 않는 손으로 주물러보면서

괜찮아
잃어버리는 게 네 탓은 아니니

괜찮지 않아도 괜찮아

상대성

문을 열면 비치는 바깥이
더 바깥으로 밀려난다

아무도 닮지 않는 유리는
유리처럼 아름다울까
아침잠 속에 피어 기다리던
들꽃과 몸 긴 벌레들을
훅 밀어내고 시작되는
다시, 하루치의 마음
이마와 당신을 펴주기 위해
더욱 찡그리는 햇살에게
이해받을 수 있을까

맞이하듯 떠나보내는 외출을
어느 계절에건 반복하며
문을 닫으면 봄 겨울이 바뀌고
열면 비로 바뀌는 눈
우리는 비를 사랑하고 눈도
사랑하고, 그 둘이 한꺼번에
오는 건 싫어했네

갠 오후의 구성요소를 따라
나는 햇살, 같은 단어를

다시는 쓰지 말기로 했다
겨울에 죽은 벌레를 다음 겨울에
쓸어 담으며

그해 오후부터 겨울까진 얼마큼?

비치는 모든 게 상처였다고
결코 쉽게 말한 적 없지만
그 빗자루만한 무거움
후회할 줄도 알겠네

노을빛처럼 말했지만

물줄기가 갑자기 샤워 꼭지를 밀듯
둘은 애초 더 먼 둘로, 물은
애초 더 먼 물로, 작용점 없이
요동친다 요동치는 척하며 간다

하나뿐인 세상에 하나, 란 없어서
너는 아무도 밀어내지 않은 척
너는 아무도 밀어내지 않은
너는 밀어내지 아무도
너는 척한다 말
않은 너는

나는 과거의 날 안아주었다고
꽤 노을빛처럼 말했지만
과거의 널 안아주진 않았지
씻기지 않는 것만 씻으려는
몸뚱이들의 밤이 옮는다

구조선

바람이 창 앞에서 멈추지 않듯
우리는 늘 우리를 들이치는 방식으로
떠나기 바빠, 방음벽 앞에서 죽은 새는
부딪치는 모습을 들키지 않는다 너는
어떤 연도 쉽게 잊고 싶을 테지만

아무것도 안아본 적 없는 이들도
모든 걸 지키려는 시늉을 하다
책임 없이 몸을 던져, 결국 건져지고
건져올릴 이들은 늘 필요하고

편한 세상은 없어도 편한 죽음은 있지
가벼운 당신들을 더 가볍게 들다
그래도 한 번은 무섭게 들어보려고
맞아야 할 바람과 피해야 할 바람을
구별해야 하기에 우리는 남은 연료로
시동을 걸듯, 마지막 창문을 열고

제 꿈 하나 막을 방법도 없이
잠들기도, 깨기도 힘들던 자리를
빠르게 이탈하면서, 정작
무엇을 그리워할지도 모르면서
괜히 한번 더 맴돌기도 하면서

브라이어 파이프

그들은 더 굶지 않게 된 후로
다시 말이 많아졌다 사람은 본디
말에 편승하기에 사람인 듯
이야기를 하다, 이야기를 만들다
이야기를 퍼 나르다, 이야기를 찍어냈다
찍혀나는 이야기들도 굶어갈 때쯤
더는 들을 사람이 없었다 사람을
막을 방법은 있어도, 귀와 눈과
없음을 막을 방법은 없는 것 같아

죽은 할아버지의 창고를 뒤진 적 있다
항상 먼지 속에는 신비로운 뭔가가
있지, 이야기를 위한 새 이야기들은
늘 말해왔지만, 이야기는 먼지였다 오래된
먼지처럼 갑자기 버려지는 이불보 속
피로감 기시감 가득한 이야기, 전쟁통에
선물로 받아오셨다던 장검도, 죽은 사람도
살린다는 초능력 주문이 적힌 책도
다 먼지였다 어느 때보다 진실이
쓸데없는 시대, 그게 애먼 충동과
분란을 부추긴다면 그런 게
거짓보다 좋을 건 무엇일까

본래 사람이 그렇지 그것이
대의건 타산이건, 후 불면 날려가던
그가 내게 유일하게 남겨준
밤빛 나무뿌리 담뱃대가 담뱃불을
붙여본 적도 없는 내게 말했다
내가 담배를 피우지 않는다는 건
이야기하는 이에게도, 듣는 이에게도
중요한 적 없었다 가죽 파우치 속에
잠든 진실이 이야기를 따라
모깃불처럼 천천히 타오르는 소리
사랑하지도 버리지도 못할
먼지가 사람을 버리기까지

4부
내가 지키지 못한 당신은 누가 치울까

평화주의자

내가 너를 버릴까봐
너는 나를 먼저 버리기로 했지
닭이 달걀을 버리고 달걀이
닭을 버리는 진실 속에서 우린
내 세상이 제일 소중한 줄 알았지
누르는 번호마다 슬픈 가사
노래는 즐겁기 위한 노래
너는 너의 한을 만들고 한은
한을 낳고, 나는 한이 많아요
스스로 평화주의자라던 너는
기약 없이 기약을 버리기로 하고
또 돈 많이 드는 여행을 떠나네

나도 가봤다니까요
우리는 세상이 나빠도 상황이 나빠도
갑옷과 이불을 찾아 걸치고
늘 평화와 평안을 부르짖는 닭처럼
점점 관리비 많이 나오는 방안에서
너는 아무도 모르게 교체되겠지 그리고
가봤겠지 요란하게, 여행자, 히치하이커
더 넓은 세상을 보고 싶다며
배달 음식 폴리프로필렌 용기가
가득 쌓이면 가끔

할말을 잃기도 하면서

우환 없는 집은 한 집도 없더라
라는 어머니 말씀이 위로가 아니라
그냥 진실이던 날 나는 그들이
열심히 뭘 버려왔는지 보았네
칠순의 한 깨달음을 예습 삼아 들으며
수습도 유기도 몰래 해야 하는
슬프고 값진 치부가 되어가는
현생의 윗목, 아직도 버티고 서서
네가 부럽다는 내 위로를 질투로 알던
녹슨 나사들을 이제야 뽑는다

기억에 대하여

당신을 빗자루로 털 수도
담아놓을 수도 있다는 걸 알고는
밥이 목구멍으로 넘어갔다
세상은 곁을 영원히 지키지 않고
기억은 기억만을 지킨다는 생각에
밥이 목 중간에서 멈추었다
훗날 나와 당신 중 누구든
기억 중추에 이상이 생겨가는 게
꼭 슬픈 일만은 아니라는 생각에
다시 밥의 질감이 느껴졌다

국물을 흘리면서
더 있다 가지 왜 벌써 가냐던
옛 친구의 말이 법문처럼 떠오를 때
그런 말을 들려줄 사람이
아무도 남지 않았을 때, 밥은
먹을 수도 먹지 못할 수도 있고
결국 먹지 않는 게 좋은 쪽으로
기울어가는 걸 알았다

나는 기를 쓰고 먹었고
잘 들어갔다
당신은 거기서도 내게

밥을 떠먹이고 있었다

매일이 벌써가 되어가는 중
몇 해 전인지 떠오르지 않았다
살아서 가기 힘든 곳들이 늘어갔다

특수청소

아프면 서럽다는 말은 본질보다는 상황 같다 석양 아래 혼자 풀을 베다 다리에 피칠갑을 한 채 응급실에 가 번호표 들고 한 시간씩 기다렸을 때도, 몇 년 후 그런 짓을 손가락에 또 했을 때도 나는 서럽지 않았는데 다치지 마, 네가 다치면 내가 힘들어지니까, 라는 말을 지겹게 하면서 정작 내가 먼저 다치곤 했어도 나는 그런 거 하나도 안 무서운데, 당신의 상처를 보는 건 무서운데, 당신의 상처를 몰랐던 건 더 무서워

가만히 있으면 덜 아플 생각지, 봉제 인형 찢듯 칼을 대고 고치듯 칼을 또 댔다 늦었지만 다행이었다 다행이지만 이미 늦었다 내 상처가 무섭지 않아 너를 다치게 했고 이제 흉터보다 무서움이 늘어간다 진짜 아프면 아픔이 설움을 먹어버리고 진짜 서러우면 그래도 아픔이 설움을 먹어버리겠지만, 내 아픔은 늘 내 탓인 삶과 아무도 그걸 이해하지 않게 된 것 또한 내 탓인

내가 내 무게에 짓눌릴 수도 있다는 걸 알았다 간혹 스스로의 형체도 유지하기가 힘들다는 느낌을 받을 때가 있다 문득 걱정되는 건 나보다는 나의 집, 내가 돌아오지 않는 집은 어떻게 될 것인가 어제까지 있었던 당신이 곁에 없는 나는 어떻게 되었는가, 보고도 보이지 않는 건 당신이 집이었기 때문인가

내가 치우지 못한 나는 누가 치울까
내가 지키지 못한 당신은 누가 치울까
죽은 지 오랜 그 애가 어디서 나왔는지 알아?

로마의 휴일

그런 날이 있었대
그런, 은 어떤 건데
그렇게 당신과의 거리를 견뎠대
그렇게, 는 어떻게 견딘 건데

'어떻게 하면 그 녀석 약이 바짝 오를라나…… 이렇게?…… 이렇게?……' 살인마인 주인공이 야구 배트로 무고한 사람을 힘껏 내려치는 영화를 보았다
그렇게, 는 이렇게, 인가?
라는 생각으로
나는 당신과의 거리를 견뎠다

다 견뎌졌다

유명한 교수가 인문학 강의에서 입버릇처럼 그런 어떤, 과 어떤 그런, 이라는 말을 계속했다 나는 어떤, 과 그런, 의 횟수를 세어보다 두 자릿수가 넘어가자 그만두었다
나는 한 시간 반 동안 아무 말도 못 들었지만 그래서 인문학 강의였구나 생각했다 좋은 강의였다 다 이해됐고

다 견뎌졌다 직접적인 요인과 간접적인 요인이 있는데 간접적인 요인은 직접적인 요인보다 직접적이지는 않은 것 같다더라고 편집장에게 둘러대던 그레고리 펙의 표정이 혹

백으로 떠올랐을 때

  네 그렇죠, 다 이해합니다
  이렇게?…… 이렇게?
  야구 배트처럼

  오늘은 힘껏 아는 척을 휘두르고 싶었다

양말을 사러 서점에 가자

 엄지발가락이 약간 큰 건 치명적이다 양말에 금방 구멍이 나고 자주 의자 다리를 걷어차곤 부주의하다고 매번 눈총과 지적을 받지만 아픈 건 항상 내 쪽인데, 해명할 길도 없었고 아무도 믿지 않았다 삶은 발가락 같아, 발톱이 뿌리째 뽑혀도 본

 엄지를 구긴 채 신어야 맞는 신발이 진짜 내 것이라고 여긴다 고통은 커지고 습관은 변하지 않는다 당신에게 양말 같은 건 아무것도 아니었고 내게도 그랬으면 싶었다 당신 덕에 닳던 발, 구멍을 메우기 위해 구멍이 나는 건 시간과 인연뿐

 닳아버린 천은 바늘 꿸 곳이 없다 요즘 누가 양말을 꿰매 신냐고 모두가 면박을 줬다 내게는 사랑이 그랬다 모두가 한참을 변하는 동안 나는 한참을 간직했고 그들은 사람이 변하지 않는다고만 말했다 반박할 길도 없었고 아무도 믿지 않았다

 당신의 뱃속에 혹이 생겼던 때 나는 같이 갈 수 없었다 그건 영원히 바뀌지 않는 내 발가락보다 더 중요한 거였다 당신은 자신의 상처를 통해 타인을 바라보면서 찢어진 모서리만 따라 걸었다 왜 사람이 사람을 그렇게 쉽게 포기하는지 나는 알고 있다고 생각했다

새 양말을 사러 서점에 가자 요즘은 서점에도 양말이 있고 서점의 양말은 열 켤레 팔천원, 나는 이걸 비싸다고 할지 저렴하다고 해야 할지 아직도 모른다 책은 한 권도 산 적 없이 좋아만 하던 서점에서 당신은 얼마나 오래 스스로를 구긴 채 걸어왔을까

누구는 사랑도 하는 시간

이 책과 이 연필을 합하면
몇 갭니까?
이제 아무도 둘이 하나 된다는
투의 말은 하지 않는다
밥 먹고 배설하듯 사랑한 시절이
누구는 사랑도 하는 시절로

하나를 반으로 가른다고
온전한 둘일 리 없듯

네가 너의 한쪽을 끊어
의미를 버리는 걸 본다
뭐든 떼려면 생살을
함께 도려내야 해

만났기에 배울 수 있던 것과
만나지 않았더라면
배울 수 있었을 것들을
한데 모아두면 안 될까

종양과 종양의 만남을
암이라 부르면, 한 생의 살점을
도리는 과정은

뭐라고 불러야 할까

벌써 자란 손발톱을 깎으며
하나란 있을까

창문 밖으로

　그들이 겨울, 이라고 쉽게 부르던 곳에서 너는 창문 밖으로 보이는 곳만 노래했다 이리 나와봐, 계약서에 도장을 찍듯 이미 가득한 발자국을 찍으며 너는, 창문 밖에 서서 너는 펼쳐만 지고 싶어, 지구 반대편에 이어져 있어, 그곳에서 살고 싶어 눈이 내리는 나라에

　너를 돌려주기 위해 왔다 물만 먹고 갔는데, 너는 아직도 목말라하고 있었다 너는 널 돌려받을 필요도 없는 비명(碑銘)

　이제 나는 정의할 수 있나니
　너, 라는 꿈들은 영원히 없을 것 같아
　이리 나와봐 내 창문 밖으로
　우리 집이 없는 세상 밖, 펼칠 수 있는 건
　언 창자뿐인 곳, 겨울 생선처럼 너를 걸어놓고

　명태 아가리에서 동이 틀 때
　나는 잠깐 새해가 온 줄 알았다 어쩌면
　그게 새해일 수도 있었다 당신이 살았던 세상과
　이제 당신이 없는 세상은 늘 이듬해여서
　나는 나이보다 훨씬 더 나이가 들고
　함께한 적 없던 당신들을
　나는 이제야 보내드리지

눈이 그치고
할아버지는 꿈이 뭐냐고 묻는 손녀를 보면서
너는 꿈도 없느냐는 말과 꿈을 구분 못하면서
그것만 좇아온 게 지금 이 겨울이라곤 말 못 하는
새해는 새해일 뿐, 이미 발자국만 가득한 세상을
나는 피해 피해 다시 밟으며 간다

죽은 고양이 안기

너는 소리를 닮아서
걸음을 기억처럼 소급해 온다

숙면 후
원하던 세상에서 깨어나도
기도는 인간에게만 있어

내가 함께 후줄근해질게
신을 벗으면 현관에 내리는 비

앞발 뒷발이 있던 곳으로 두 발
그후 세 발로 걷던 네가
불빛 쪽으로 네 발로
멀쩡히 기어나갈 때

닮을 수도 물을 수도 없었던
나의 배웅은
앞말 뒷말이 다른 내일을 듣는다

검정 팬티 무늬

내가 죽은 후 방에
홀로 남겨진 고양이를 바라보며
고양이로 환생하는 꿈을 꾸는
그런 이야기를 보았다 실제로
당신이 그의 마지막을 지킬 때까지
하늘이 보내준 전령이라는 데
일말의 의심도 없었고
나는 마음속으로 동의했었다

하반신에 검정 팬티 무늬를 가진
작은 밤색 토끼가 살았다
주인에겐 전부인 것 같았다
소철 화분 뒤에서 주인을 맞이하던
토끼는 현관문이 슬쩍 열린 날
들고양이에 물렸고, 그걸로 끝이었다
주인은 세상 모든 들고양이를
다 죽여버리겠다고 선포했고
나는 마음속으로 동의했었다

사랑하지 말기로 하는 건
결코 아니지만
너무 사랑하는 것도
꼭 정답은 아니었다

이함은 쉽고 착함은 어렵다

기댈 수 있는 곳은
기댈 곳이 없다는 생각뿐
생각에 기댄다는 건
얼마나 멋진 일인지, 그래서
비참한 일인지
말할 방법이 없었다

너의 기지가 되어주고 싶었어

돌아올 생각은 날 수 없게 하고
날아갈 생각은 돌아올 수 없게 해

나한테도 좀 기대
그런 말을 하던 너는
무너지고

다시 일어나지 못하는 법도
나는 알고 있었지만

수도 없이 무너져본
내가 너는 우습겠지만

그래서

더 말할 방법이 없었다

다행

당신은 벽돌이 단단하다고 했다
단단함에 대한 아무런 고민도 없이
괜찮아 안 다쳐서, 혹은 다행
같은 말 이외에 어떤 말도 떠오르면
안 되는 시대를 누가 만들었을까

벽돌은 깨지지 않고 우리는
깨지지 않았다 깨지지 않았기에 쓴다
사람은 무던히 벽돌을 닮고
사람을 닮은 벽돌에는 밤이 온다고 하고
그런 게 아름다운 줄 알게 하자
어디서부터 어디까지가 벽돌일까
밤부터 다음 밤까지
나부터 밤까지, 네가 몸을 던지기 전
던진 적이 없던 때까지
거의 모든 입이 닫힌다 알고 나면
이미 늦는데 아무도 모른다 입은
아프지 않게 찢길 수 있다

벽돌이 바닥을 던진다 던지다 말고
다시 손에 쥐고 있다 우리는
아스팔트 위나 겨우 걸으면서
그런데도 발목이나 접질리면서

아름다운, 너무나 아름다운, 같은
말의 방귀에 무거운 골재를 채우면서
다행이야, 어디 안 다쳤니

아깝네요, 맞힐 수 있었는데
온몸이 눈인 천사가
다른 벽돌을 찾아 두리번거린다

그럼에도 불구하고

저 신도시 창틀 절반은
내가 다 박았을걸 저 끝없는
집들 중 우리 것 하나 없이

미안 늦었지 많이 막혀서
서로의 미소로 우산을 털다
아무도 제 차 하나 없이

길게 막혀가는 길

벌은 수명이 반년도 안 되는데
그게 보이지도 않는 건
전부 똑같이 생겨서야 날개는
너무 빨라서, 그래 날개

우리는 커다란 도서관을 사랑했고
나는 반생을 털어 책을 쓰고
네 책은 어딨어? 질문 하나에
다시 막히는

목숨처럼 보던 책들이
모두 절판된 걸 알았을 때

네가 원하던 세계를 좌판에
펼쳐놓기 위해 나의 세계를
묻어둘 뻔했던

결국 돌아볼 수 없던
산책 같은 시절이
썩기 전에
일일이 들끓어야 할 때

잊을 겨를도 없이

벚꽃 구경

갈 수 없는 곳이 늘어도
가지 않을 수 없는 곳도 있어
문을 나선다 눈과 발이 옷섶에서
감사히 꼼지락거릴 때
기도할 일이 남았다면, 그런 것뿐
점점 줄어들 입과 목소리들을
어떻게 잘 보낼지 아무도 모른 채
빗자루를 미리 구비해놓고도
행복하게 어질러놓을 바람이
우리에겐 필요했는지도 몰라

웃을 일처럼 웃는 길에
당신이 불어온다
건강해도 볼 수 없는 것들이
꼭 보아야 할 것만큼 늘 때마다
채워야 할 기억의 집들
분홍빛이 대신 들어찰 때가 있어
살아 그런 마음이 남았을 당신을
굳이 더 멀리 보러 가는 길

순간이어서 더 소중할까 수십 년을
수십 번 보던 몰이해의 풍경 속
우리는 한 번도 어울리지 않게

사진을 찍으면서 꽃의 소나기 속
변치는 않지만 사라지는 것 하나와
변하지만 거기 있는 것 하나를 보면서
그 둘이 같은 것인 줄은 몰랐다
꽃은 꽃을 바라보는 방식

흩날리는 순간이 피어나는 순간보다
꽃다운 우리를 오래도록 쓸어내면서
잎이 꽃보다 붉은 당신을 걷는다

뒷모습

아무래도 흘러간 날들 중엔 흘려보낸 날들이 더 많은 것 같아서, 아무리 노력해도 혹은 내버려두어도 당신의 뒷모습이 표정보다 더 오래 남는다 다 그리기도 전에 자리를 터는 피사체를 보면서, 시간과 질감을 한 획에 그리는 놀이만 손에 익히면서, 벌건 숯이 어느 날 더 하얗게 잠들기까지 품고만 있는 것 외의 다른 방법을 모르면서, 우리는 결국 꺼져야 다시 만날 이른 봄의 밤바람이 될 거면서,

해설

불온한 독백
조강석(문학평론가)

1.

　류성훈 시인의 이번 시집 『산 위의 미술관』은 서정시란 '엿듣는 발화'라는 노스럽 프라이(Northrop Frye)의 정의를 새삼 떠올려보게 한다. 많은 서정시들이 숨겨진 청자에게 말을 건네는 형식을 취하고 있는 것은 사실이지만 우리는 이 시집에 실린 시들을 읽으면서 유독 더 명료하게 다른 누군가의 독백을 엿듣고 있는 듯한 느낌을 받을 수 있다.

　길이 없어 갈 수 없는 경우와 의지가 없어 갈 수 없는 경우가 모두 같은 외골격으로 추억을 나누는 건 우리가 자라온 척해왔기 때문일까

—「장수풍뎅이」 부분

　생각을 기록하듯 자연스러운 독백의 일부이다. 길이 없어 갈 수 없는 것과 의지가 없어 갈 수 없는 것에는 현격한 차이가 있다. 그런데 사태의 원인들을 따져 묻는 것을 그다지 쓸모없는 일로 만드는 치명적인 결과도 있기 마련이다. 이때 중요한 것은 현재의 결과를 낳은 원인들을 반성적으로 돌아보는 것이 아니라 원인은 다르지만 결국 같은 곳에 도달해 있다는 사실 자체일 따름이다. 현재에 이르게 된 원인을 반성적으로 성찰하는 마음은 그 추론에 기초하여 이제부터라도 새로운 삶을 도모하고자 하는 뜻을 품게 하는 마음이다. 그러나 인용된 대목에서는 그와 같은 과정을 확인할 수 없다.

여기서 눈에 띄는 것은 능력의 문제와 의지의 문제를 구분하여 능력은 제고하고 의지는 고양시키려는 반성적 태도가 아니라 종국에는 동일한 결과로 수렴되고야 마는 사태 앞에서 상처받지 않는 것이다. 이는 성장한 척하는 태도로, 갈 수 없었거나 가지 않았을 길을 돌아보면서 삶에 냉연한 태도를 취하고자 하는 마음과 다르지 않다.

그런데 그게 전부가 아니다. 짧은 문장들 안에서 이 시의 발화자는 성장한 척하는 마음으로 삶을 대하는 태도 자체를 다시 한번 슬쩍 흔들어보고 있다. 문장은 의문형으로 마무리된다. 우리는 이 시집의 곳곳에서 이처럼 주저하고 머뭇거리는 이의 화법을 마주할 수 있다. 그러니까 짧은 문장 안에 현재의 기원에 대한 생각, 원인들의 차이를 무력화할 정도로 심내린 현재의 결과, 그 현재의 결과로 상처받고 싶지 않은 마음, 이 모든 상황에 대해 어떤 판단과 확신도 할 수 없는 상태에 대한 암시가 모두 포함되어 있는 것이다. 그런 의미에서 보자면 심드렁한 어조로 툭 던지는 이 짧은 문장은 내용과 태도 양면에서 이 시집 전체를 지시하는 일종의 축도처럼 놓여 있다고도 할 수 있겠다.

2.
미결과 유보 그리고 머뭇거림 등이 이 시집의 정동적 공간에서 가장 먼저 전경화되는 심리적 정황임은 이를테면 1부

― 마지막에 놓인 다음과 같은 시에서도 확인할 수 있다.

　　죽어가는 아들 옆에서
　　아비는 삽을 들고 서 있다
　　한때 함께 그림 속에서 웃던
　　우리는 그곳에 머물 수 없었지만

　　괜찮아 세상엔 슬픔 이상 슬픔을
　　갖다 묻는 일이 필요하니까
　　누군가를 보내고 돌아올 때마다
　　남은 삶의 머리 위에 새 돌을 올리곤
　　매번 마지막일 거라고 믿으며

　　내일은 좋겠지, 내년엔 좋겠지
　　다음 생엔 더 좋겠지만
　　아무도 내일을 갖고 있지 않아
　　그게 다행인지 불행인지
　　우리는 정작 한 마디도 못했다

　　너의 내일은 기대한 모습인 적 없이
　　대체로 찾아오긴 하는, 오늘
　　쉽게 무너지지 않기 위해
　　우리는 한없이 소소해져간다

업(業)처럼 새까만 커피 앞에서
괜찮아, 언젠가의 모든 너를 껴안으며

새 냅킨보다
닦은 냅킨이 예쁜 순간, 나는
삼날의 멋진 파랑을 기억했다
—「산 위의 미술관」 전문

"죽어가는 아들 옆에서/ 아비는 삽을 들고 서 있다"는 도입부의 묘사가 환기하는 돌발적인 삽화의 세목을 명료하게 특정할 충분한 정황이 시에 주어져 있지는 않다. 이 경우 우리는 시의 모든 발화를 시가 짓는 또하나의 현실로 간주하는 태도, 소위 시의 내적 실재를 존중하는 태도로 시를 읽어갈 필요가 있다. 이 시에서 우선 해석의 관건이 되는 시어는 "죽어가는"이다. 이를 축자적으로 풀어 아직 살아 있는 아들을 묻는 비현실적 사건을 떠올릴 필요까지는 없을 것이다. 아마도 죽음을 돌이킬 수 없는 상황이거나 생물학적으로 죽음에 이르렀지만 아직 장례의 절차가 마무리되지 않은 상황을 전제해야 2연의 "묻는 일" "누군가를 보내고 돌아올 때마다", 3연의 "다음 생"이라는 말을 전체의 맥락 속에서 풀어낼 수 있을 것이다. 한 시절을 공유했던 이를 보내고 돌아오는 상황 속에서 산 위의 차가운 땅에 '머물러야' 하는 이와 돌아와 일상을 이어가야 할 "우리"의 길이 확연히 갈린다. 가누기 힘든 슬픔 속에 마냥 머무를 수만은 없는 것이 우리의 삶이다. 산 위의 "그곳"으로부터 발길을 돌리며 "슬픔을/ 갖다 묻는 일"은 여하튼 필요한 법이다. 따라서 2연의 앞머리에 놓인 "괜찮아"라는 시어는 현실을 수락하기 위해 스스로에게 던지는 열쇠 말처럼 기능한다. "남은 삶의 머리 위에 새 돌을 올리"기 위한 주문과도 같은 이 말은 이 시집에 실린 다른 시들에서도 재차 사용된다. 예컨대 "괜찮지 않아도 괜찮아"(「괜찮지 않아도 괜찮아」)라는 말을 대번에 떠올릴 수 있다. 그러니까 큰 슬픔을 가누기 위해 자신에게 던지는 이 말에는 두 가지 함의가 있다고 하겠다. 애도 종결과 현실 수리의 논리가 그것이다. 조금 더 정확히 말해보자면 "괜찮아"라는, 이 시집의 발화자가 자신의 삶에 열쇠 말처럼 던지는 말은 한편으로는 애도의 종결을 위한 주문이면서 동시에 현실을 있는 그대로 받아들이기 위한 다짐이기도 한 것이다.

  그런데 통상 애도의 종결이 삶의 새로운 의지를 북돋고 현실 수리가 현재를 견디며 조금이라도 더 나은 미래를 바라보기 위해서 요청되는 것이라고 한다면 이 시—나아가 이 시집—에서의 애도 종결과 현실 수리는 그와는 양상이 제법 다르다. 3연에서 보듯 "내일"이나 "내년" 심지어 "다음 생"이 조금은 더 나을 것이라는 은근한 기대는 잠시 떠올랐다가 이내 사라진다. "아무도 내일을 갖고 있지 않아"라는 말은 죽음과 애도로부터 이후의 삶 쪽으로 고개를 돌리는 발화자를 오롯이 현재에 붙들어 맨다. 이때 기대 섞인 미래가 아니라 단단하고 협소한 현재에 붙박인 시적 주체의 대응은 두 가지이다. 첫째, "언젠가의 모든 너를 껴안으며" 모든 과거를 현재에 수렴시키는 것, 둘째, "오늘/ 쉽게 무너지지 않기 위해" "한없이 소소해져"가는 것이다. 과거는 현재에 수렴되고 현재는 미분되지만 미래 쪽으로 무언가가 펼쳐지지는 않는다. "나는 햄릿이 아닐뿐더러 되고자 한 적도 없다"(T.S. 엘리엇, 「J. 알프레드 프루프록의 연가」)는 말을 떠올리게 하는 이와 같은 태도는 이 시집의 모든 시간이 오롯이 현재에 수렴되고 있음을 명료하게 보여준다. "새 냅킨보다/ 닦은 냅킨이 예쁜" 것은 "아무도 내일을 갖고 있지 않"기 때문일 것이며, 죽음과 연결된 이미지임에도 "삽날의 멋진 파랑"이 선명하게 기억에 새겨지는 것은 그것이 죽음을 보내고 소소한 현재로 귀환하는, 현재를 소소하게 만들어 귀환하는 이의 시계(視界) 안에서 일순 쨍하니 번뜩이기 때문이다.

3.
이를테면 다음과 같은 대목은 과거가 지나간 시간이며 꼬리 잘리듯 단절되어나간 것이 아니라 이 시집의 유일한 시간인 현재 속으로 수렴되는 양상을 단적으로 보여주고 있다.

(1)
나는 세상에 사화산은 하나도 없다는 걸 그 덕에 알았다

―「한라봉아 성훈이 먹어라」부분

(2)
어떡하면 좋을까, 너를 어떻게 해줄까
먼지 속에서 더욱 먼지가 되고프던
네가 있었는데, 쭉 현재형으로 있었는데
―「안개의 집」부분

　세상에 사화산이 없다는 것은 모든 화산이 휴화산이며 언제든 다시 활성화될 수 있음을 의미한다. 이 시집의 '엿듣는 발화'들이 들려주는 이야기 속에서 과거는 이처럼 이미 비가역적으로 지나가버린 시간에 속하는 것이 아니라 언제든 현재의 계기 속에서 다시 활성화될 수 있는 것으로 나타난다. 그것은 두번째 인용된 시에서처럼 먼지 속에 묻혀 잊혀졌으나 언제든 "현재형"으로 작용하고 있다. 이처럼 휴게중인 과거는 다음과 같이 "불온"한 방식으로 "현재"에 잠복해 있다.

　　평생 들꽃 보는 힘으로 걸었는데
　　아직도 아는 이름이 거의 없다
　　주기율표보다 외우기 힘든 이름과
　　이름의 의미를 덮는 여름이
　　여름보다 먼저 널린다

절상과 화상은 같은 통각이어서
땀과 기름을 닦으며 햇빛이
생살을 베고 그걸 털어내는 상상으로
조금은 서늘해하곤 했지만
물기를 너무 자주 훔쳐서 생긴
눈가의 상처가, 별명과 변명과
미명을 만들고 그것들을
한데 잔뜩 모은 걸 세월, 이라고
혼자 정의하고는 검증하지 못했다

세균학을 열면 밖에도 못 나가고
세균학을 닫으면 슬슬 기어나온다는 길
비키는 일이 걷는 일보다 많고
너는 늘 너의 다래끼에만 관대하고
눈을 다르게 떠도, 인상이 좋으셔도
우리는 우리의 가해자일 뿐

서로의 햇빛이 되고 싶어
늘 순간만 강조하는
아무것도 미안할 것 없는 물길이
뒷모습으로만 핀다

―「불온시」 전문

이 시의 제목이 왜 '불온시'일까? 시를 찬찬히 따라가보자. 이 시의 시간적 배경은 "햇빛이/ 생살을 베"는 듯 내리쬐는 성하(盛夏)일 것이다. 1연에는 두 가지 정황이 제시되어 있다. "평생 들꽃 보는 힘"으로 걸을 만큼 들꽃을 좋아했지만 아는 이름이 거의 없다는 것은 사물을 명명함으로써 지식의 주머니 속으로 그 사물을 수납하는 것이 아니라 사물 그 자체를 감각적으로 향유하는 방식이 이 발화자의 삶의 방식이라는 것을 지시한다. 두뇌적 명목보다는 감각적 혹은 정동적 실질을 취하는 태도라 할 수 있겠다. 물론 산책길 어딘가에는 들꽃들의 이름이 푯말에 새겨져 있고 때로는 눈에 띄는 들꽃의 이름을 부러 찾아본 일도 있었겠으나 굳이 그 이름을 외우는 데 드는 힘을 들꽃의 실질을 향유하는 데 투여하는 게 이 발화자의 태도이다. 이는 "여름"에 대해서도 마찬가지이다. 들꽃과 그 이름의 상응을 미처 생각하기도 전에 들꽃을 만개시킨 여름이 사위에 만연해 있다. 앞에서도 비슷한 맥락을 한 번 살핀 바 있지만 이 시집의 곳곳에서 발화자는 원인과 결과가 선후관계가 아니라 동시적으로 공존하게 하는 방식의 논리적 도약(비약)을 택한다. 그리고 사물과 세계에 대한 명석판명한 해석 대신 때로는 흐릿해(blur) 보이기도 하는 정황과 분위기를 통해 신체에 직접 작용하는 정동을 시의 중심에 놓는다. 들꽃은 이름이 무엇이건 그런 모양과 색을 가진 들꽃이며 여름은 언제랄 것도 없이 이미 와 있는 여름이다.

　이 발화자가 이처럼 분별지보다 정동적 반응을 시의 중심에 놓고 있다는 것은 2연에서도 여실히 드러난다. 여름은 날짜와 기온과 습도가 아니라 절상과 화상의 감각으로 촉지된다. 여름은 뚜렷한 신체변용(affection)을 통해 몸에 찾아든다. 같은 맥락에서, 눈물을 흘리게 만드는 마음의 상처가 아니라, 마음에 일어난 일 때문에 눈물을 흘림으로써 생기는 "눈가의 상처"를 2연의 중앙에 초점화하는 것은 이 점에서 매우 인상적이다. 그리고 이는 1연에서 들꽃의 이름을 통해 들꽃의 형상과 생리를 역산하는 대신 들꽃 자체의 실질을 향유하는 사물적 혹은 정동적 태도와도 자연스럽게 연결된다. 들꽃은 이름이 붙기 전에 들꽃이며 여름은 몸에 먼저 찾아오고 상처는 마음이 아니라 눈가에 새겨진다. 물론 이 상처와 관련하여 우리는 "별명과 변명과/ 미명"을 고안하여 수습하려는 태도를 취할 수도 있을 것이며 그것은 외려 흔한 일이다. 그러나 별명과 변명과 미명 역시 모두 한갓 이름일 따름이다. 이름보다 들꽃 자체가 생생하듯 별명과 변명과 미명 대신 눈가의 물리적 상처 그 자체가 선명하다. 그런 의미에서 2연의 마지막 대목은 이런 사물적, 정동적 태도에 대한 재확인이라고 할 수 있겠다. 별명과 변명과 미명을 "만들고", 즉 상처와 관련된 정황과 설명과 원인을 지목하여 상처를 감싸보려는 의지의 총화에 "세월"이라는 이름을 붙여보고는 이 명명 역시 작위적이고 편의적일 뿐 "검증"될 수 있는 노릇이 아님을 예의 그 망설이고 머뭇거리는 목소리는 말하고 있다. 다시 말해 상처에 이름을 붙임으로써 현재를 위로받는 방식으로는 이 발화자의 시간이 흐르지 않는다는 것이다. 그럴수록 상처의 물질성이 더욱 선명해진다. 그리고 이런 태도는 4연의 "늘 순간만 강조하는"이라는 말과 통한다.

시의 후반부에서 전경화되는 대목은 역시 "우리는 우리의 가해자일 뿐"(①)이라는 문장과 "늘 순간만 강조하는"(②)이라는 구절일 것이다. 그런데 자세히 보면 ①의 판단에는 그 앞의 4행이 이 판단을 낳은 정황으로 제시되어 있음을 알 수 있는데 특히 "세균학"이라는 '난데없는' 시어가 이 정황을 충실하게 설명하고 있다. 우리가 머리로 이해하기도 전에, 정보화와 방대한 네트워크 이전에 이미 생물학적으로 '초연결 사회'에 살고 있음을 실감하게 된 것은 바이러스 단위에서 삶의 모든 조건이 새롭게 규정되어야 했던 팬데믹 사태 때문이다. 정치적, 경제적, 사회학적, 윤리적, 종교적, 문화적 차원에서 우리 자신은 각기 명명될 수 있을 것이다. 그러나 세균학적 차원에서 제 아무리 "인상이 좋"아도 때로 "우리는 우리의 가해자일 뿐"이다. 그러니 이 발화자는 인간관계를 다시 물질적으로 조성되는 정동적 공간의 차원 위에 하나의 생물학적 사태로 다시 세운다.

②는 그런 맥락에서 ①과 대비된다. 좋지 않은 신체변용을 일으키는 생물학적 환경 혹은 세균학적 단위 속에서 서로의 가해자일 뿐인 "우리"의 모습은 "아무것도 미안할 것 없는 물길"과 확연히 대비된다. 그리고 이 물길은 "늘 순간만 강조"(ⓐ)하며, "뒷모습으로만"(ⓑ) "핀다"(ⓒ). 물길이 핀다?

창의적으로 사용될 수도 있는 표현이지만 ⓐ와의 관계 속에서 자연스럽게 "모든 순간이 다아/ 꽃봉오리인 것을"(정현종)이라는 구절을 떠올릴 수 있으며 이는 「불온시」의 서두에 제시된 들꽃의 이미지와도 연관됨을 생각해볼 수 있다. 이름과 내력과 설명이 필요한 과거의 축적으로서의 "세월"과 감각적 향유와 결부된 "순간"이 대비되고 서로가 서로에게 가해자가 될 수 있는 "우리"와 그에는 아랑곳하지 않는, 세균학적으로도 인간의 정동 체계와는 다른 체계에 속하는 들꽃의 세계가 대비된다. 그렇다면 왜 이 '들꽃-물길'은 "뒷모습으로만" 필까? 우리는 이 시집의 마지막에 놓인 시에서 이 뒷모습과 다시 마주하게 될 것이다. 그러나 우선 이 시의 맥락에서 먼저 이 이미지를 풀어보자. "비키는 일이 걷는 일보다 많"다는 구절이 단초가 될 것이다. 생물학적 비상사태 속에서는 비켜서거나 뒷모습인 상태로만 서로에게 가해지가 되는 일을 피할 수 있다. 이 시의 제목이 '불온시'인 이유는 이 때문일 것이다. 인간(人間)에게서 사이(間)를 덜어내고 초연결된 관계를 해체하는 것을 도모하고 있기 때문이다.

4.
그렇다면 현재에 집중하는 현실 수리 논리의 귀결은 유폐와 고립뿐일까?

나도 가봤다니까요
　　우리는 세상이 나빠도 상황이 나빠도
　　갑옷과 이불을 찾아 걸치고
　　늘 평화와 평안을 부르짖는 닭처럼
　　점점 관리비 많이 나오는 방안에서
　　너는 아무도 모르게 교체되겠지 그리고
　　가봤겠지 오란하게, 여행자, 히치하이커
　　더 넓은 세상을 보고 싶다며
　　배달 음식 폴리프로필렌 용기가
　　가득 쌓이면 가끔
　　할말을 잃기도 하면서
　　　　　　　　　　　　―「평화주의자」 부분

　인용된 시에 드러난 태도를 보면 얼핏 그렇게도 읽힌다. "세상이 나빠도 상황이 나빠도" "갑옷과 이불을 찾아 걸치고" 점점 관리비가 늘어가는 "방안에서" "늘 평화와 평안을 부르짖는 닭처럼" 살다가 일종의 반대급부로서 "더 넓은 세상을 보고 싶다며" 여행을 떠나기도 하는 '평화주의자'로 사는 것이 방법일까? 여기서 이 시가 지금 요약한 내용의 삶을 사는 이의 발화가 아니라 그런 삶을 사는 이를 "너"라고 부르는 이의 발화라는 것을 새삼 주목할 필요가 있겠다. 이때 호명 대상인 "너"가 동시대의 청년들이라면 풍자가 되고 화자 그 자신을 대상화한 것이면 아이러니가 된다. 그런데 이 시집 전체의 발화를 엿듣는 독자라면 풍자의 어조가 이 '엿듣는 발화'에 썩 어울리는 것이 아님을 알 수 있을 것이다. 이는 다음과 같은 시에 나타난 '나'의 태도를 감안할 때 더욱 명료해진다.

 기름을 사야 해
 눕기 위해서도 나가기 위해서도
 발버둥쳐왔으니

 그러면
 내게도 봄이 올 줄 알았으니

 나눠야 살 수 있는 게 아니라
 나눌 이유가 없는 시대, 각자
 다른 방식으로 추워지는 그때
 꽉 찬 냉장고에 먹을 게 없듯
 너와도 이별하고 나와도 이별, 애초
 만난 적도 없기로 하면

 씻어도 씻어도
 씻기는 몸뚱이
 그래도 귀엽게는 늙고 싶어

포트는 있지만 커피가 없고
　　보일러는 있지만 가스가 없고
　　그릇은 있는데 김치가 없고
　　현재는 있지만 그 속에 우리가 없고
　　삶은 있지만 내가 없는 곳이
　　위태롭게 유지되고 있었다
　　　　　　　　　　　　—「아직」 부분

"나눠야 살 수 있는 게 아니라/ 나눌 이유가 없는 시대," "각자/ 다른 방식으로 추워지는"것이 "우리", 즉 "나"와 "너"가 다를 바 없이 처한 현재의 삶의 조건임이 이 시에 명기되어 있다. 포트와 보일러와 그릇은 있지만 커피와 가스와 김치가 없듯이 "현재는 있지만 그 속에 우리가 없고" "삶은 있지만 내가 없는 곳", 다시 말해 주변은 있지만 중심이 없고 장치는 있지만 원료가 없고 그렇기에 동력이 없는 정동적 공간이 이 시집의 무대이다. 따뜻한 과거와 밝은 미래에 대한 상상도 없이 오직 현재에 집중된 감각만 있고 여전히 삶은 이어지지만 거기에 "우리"가 없고 "내가" 없는 공동화된 정동적 시공간이 이 시집에서 "우리"의 처소이다.

　　아무것도 안아본 적 없는 이들도
　　모든 걸 지키려는 시늉을 하다
　　책임 없이 몸을 던져, 결국 건져지고

건져올릴 이들은 늘 필요하고

　　편한 세상은 없어도 편한 죽음은 있지
　　가벼운 당신들을 더 가볍게 들다
　　그래도 한 번은 무겁게 들어보려고
　　맞아야 할 바람과 피해야 할 바람을
　　구별해야 하기에 우리는 남은 연료로
　　시동을 걸듯, 마지막 창문을 열고

　　제 꿈 하나 막을 방법도 없이
　　잠들기도, 깨기도 힘들던 자리를
　　빠르게 이탈하면서, 정작
　　무엇을 그리워할지도 모르면서
　　괜히 한번 더 맴돌기도 하면서
　　　　　　　　　　　　　　—「구조선」 부분

　이 처소에서 때로 "편한 죽음"을 떠올릴 수도 있을 것이다. 그러나 "남은 연료로/ 시동을 걸"어 "잠들기도, 깨기도 힘들던 자리를/ 빠르게 이탈"하는 것도 쉬운 일이 아니다. 이 이탈도 결국 공동(空洞)의 공간을 맴도는 공전(空轉)으로 귀결될 뿐이기 때문이다. 지금껏 이 발화를 엿들어온 독자는 이 시집의 어느 대목에서 적어도 한 번은 각자 이런 의미에서의 공동과 공전을 맞닥뜨리게 된다. 유일한 시간인 현재는 공동화되고 감각에 충실한 삶의 계획마저 공전하는 곳으로 이 독백은, 마치 세이렌의 노래처럼 우리를 이끈다.
　이 독백은 치명적이다. 여기가 끝인가?

5.

　아무래도 흘러간 날들 중엔 흘려보낸 날들이 더 많은 것 같아서, 아무리 노력해도 혹은 내버려두어도 당신의 뒷모습이 표정보다 더 오래 남는다 다 그리기도 전에 자리를 터는 피사체를 보면서, 시간과 질감을 한 획에 그리는 놀이만 손에 익히면서, 벌건 숯이 어느 날 더 하얗게 잠들기까지 오래 품고만 있는 것 외의 다른 방법을 모르면서, 우리는 결국 꺼져야 다시 만날 이른 봄의 밤바람이 될 거면서,
　　　　　　　　　　　　　　　　—「뒷모습」 전문

　반전의 드라마는 없다. 독자가 기대하는, 하강을 역으로 비상의 추력으로 삼는 반전은 이 독백들이 기초하는 세계관 안에서 오히려 비현실적이다. 이 시집의 정동적 공간은 중심이 없는 공동이며 이 독백은 공전하는 목소리이다. 때로 습관성 희망이 가장 나쁜 독이 된다. 문학은 증상이지 치유가 아니다. 그런 의미에서 보자면, 이 시집은 '우리'로 지시된 청년 세대의 현재적 증상을 누구보다도 정직하게 적시하고 있다. 섣

부른 치유는 없다. "벌건 숲이 어느 날 더 하얗게 잠들기까지 오래 품고만 있는 것 외의 다른 방법"은 없다. 시집의 마지막에 놓인 시의 제목이 '뒷모습'이며 마지막 문장의 주어가 "우리"라는 것은 결코 우연이 아닐 것이다. 마지막으로 엿듣자니, 공전하는 공동의 목소리는 마치 코러스처럼 "우리는 결국 꺼져야 다시 만날 이른 봄의 밤바람이 될" 것이라고 말한다. 뒷모습을 보이는 이 중 어떤 이는 이내 돌아올 것처럼 발걸음을 옮기지만 어떤 이는 기미와 여지를 남기고 떠나는 피로한 인간으로서가 아니라 '소진된 인간'(질 들뢰즈)으로 떠난다. 이 시집은 소진된 인간의 뒷모습을 끝까지 정직하게 그려내고 있다. 나는 그 뒷모습을 오래 바라보고 있다.

류성훈 2012년 한국일보 신춘문예를 통해 작품활동을 시작했다. 시집 『보이저 1호에게』 『라디오미르』, 산문집 『사물들—The Things』 『장소들—The Places』가 있다.

문학동네시인선 241
산 위의 미술관
ⓒ 류성훈 2025

1판 1쇄 2025년 9월 10일
1판 2쇄 2025년 10월 23일

지은이 | 류성훈
책임편집 | 서유선
편집 | 김내리
디자인 | 수류산방(樹流山房)
본문 디자인 | 조아름
저작권 | 박지영 형소진 주은수 오서영 조경은
마케팅 | 정민호 서지화 한민아 이민경 왕지경 정유진 정경주 김혜원 김예진 이서진
브랜딩 | 함유지 박민재 이송이 박다솔 조다현 김하연 이준희
제작 | 강신은 김동욱 이순호
제작처 | 영신사

펴낸곳 | (주)문학동네
펴낸이 | 김소영
출판등록 | 1993년 10월 22일 제2003-000045호
주소 | 10881 경기도 파주시 회동길 210
전자우편 | editor@munhak.com
대표전화 | 031) 955-8888 팩스 | 031) 955-8855
문학동네카페 | http://cafe.naver.com/mhdn
인스타그램 | @munhakdongne 트위터 | @munhakdongne
북클럽문학동네 | http://bookclubmunhak.com

ISBN 979-11-416-1267-2 03810

* 이 책의 판권은 지은이와 문학동네에 있습니다. 이 책 내용의 전부 또는 일부를 재사용하려면 반드시 양측의 서면 동의를 받아야 합니다.

잘못된 책은 구입하신 서점에서 교환해드립니다.
기타 교환 문의: 031) 955-2661, 3580

www.munhak.com

문학동네